全災害対応！

子連れ防災BOOK

1223人の被災ママパパと作りました

NPO法人ママプラグ

祥伝社

まえがき

安心を手にするための本

楽しく生活することで、
自然と災害にも
強くなる。
それが、
ママとパパが
子どもを守るために
できること

特定非営利活動法人ママプラグ
アクティブ防災事業代表
冨川万美

2011年3月11日14時46分、私は娘と遊びに行っていた東京都内の友人の家で被災しました。夫は地方へ出張中で戻ってこられず、当日は友人宅に宿泊。当時娘は2歳。しばらくは子連れでの外出が怖かったので、ママ友と協力して買い出しに出たり、子どもの面倒を見合ったりしていました。

東京での混乱が少し落ち着いたころ、一緒に仕事をしていた幼い子どもを持つクリエイターらから「子どもが小さいから被災地に出向くのは難しいけれど、被災地のママのために何かできないか」という声があがりました。

2011年の夏から、ママプラグの前身となる「つながる．com」というプロジェクトを立ち上げました。世界的なクレヨンアーティストのミレイヒロキ氏の花の絵がプリントされた帆布を用意し、被災地のママや子どもたちに色付けしてもらい、太田旗店でトートバッグに仕上げて販売。利益を支援物資に変えて配布しながら、同時に被災した家族の声を取材し、子どもの命を守るための体験談&防災術をまとめ出版。特定非営利活動法人を立ち上げ、行政とともに防災講座を開発し、全国で講座を行ってきました。

東日本大震災から8年。被災者の声をヒアリングしながら、子どもや要介護者、特殊なケアの必要な方の防災術をブラッシュアップしてきました。

その間も、日本を襲った災害は、数え切れません。2018年の世相を表す漢字には「災」が選ばれるほど、地震だけでなく、多くの災害に見舞われています。備えなくては、と思いながら面倒くさい、何から手をつけていいのかわからない、防災グッズはインテリア的に美しくないから気が乗らないと、後回しにしてしまいがちな防災。その陰には、向き合いたくない不安や恐怖も潜んでいるのではないかと思います。

人は、命に関わる問題をオブラートに包んで遠ざけてしまうか、完璧にしようとしてつらくなる、ということがあるように思います。

だからこそ、本当に必要な防災を身につけ、安心できる生活を手に入れてほしいのです。そう、本来、防災意識や備えは「いざという時のために、お金と時間をかけてしかたなくやるもの」ではなく、日常の中で安全性を高め「家族みんなが安心して笑顔で暮らすため」にあるべき。この本はそのためにつくりました。

防災は千差万別です。家族の数だけ必要な防災があります。本書では、地震だけでなく、近年日本で起こった災害ごとに被災したママたちの声をまとめ、それに対応するための防災術を伝えていきます。また、災害支援に携わる医師や防災士など、専門家の協力を得て、心身のケアまでを網羅した本をつくることができました。

子どもを守るためにパパやママがやっていくべきことは、恐怖に怯えながらストイックに防災に取り組むのではなく「楽しみながら、日常生活の質を底上げする」ということ。すべては、家族と子どもの安全と笑顔のために、どうぞお役立てください。

もくじ

1 そのとき、どうやって身を守ったか

2 体験談に学ぶ 本当に必要な防災とは

3 オーダーメイドで考える防災

4 もう一歩先へ自ら動く防災

5 医療従事者に聞く災害時に必要なこと

当たり前のように備える

日常の中でできることから
子連れ家族にとって防災は、
生活の一部にするべきこと

「どこまでやればゴールなのかがわからなくて……」

ママプラグで開催している防災講座の中で、ママパパからよく聞かれるのがこの言葉です。子どもの命を守りたいという強い思いが、備えのハードルを高くし、防災をより難しいものにしているように思います。

確かに近年、災害は増えているのですが、耐震構造の建物に住み、ハザードマップで浸水などの危険を把握し、必要な物を備え、いざというときの動きを確認しておけば、災害がきても落ち着いて冷静な対処ができます。

「震度６では、地震の揺れで死ぬことは少ない。それよりも、子ども連れで大変なのは、災害発生からライフラインが元どおりになるまでの生活です」と語るのは、本書のイラストを手がけた、防災士のアベナオミさん。自身の東日本大震災の被災体験からも、このことが身にしみているといいます。

災害時に何が起きるのか、そして、災害後に何を備えればいいのか、被災者の体験からきちんと把握して、少しずつ備えていくこと。本書では「子連れ家族にとって本当に必要な防災」をお伝えしていきます。

1

そのとき、
どうやって
身を守ったか

被災ママパパの声「あのときこうだった」地震

津波がきていることに気づかなかった

※本書に掲載されている親子の年齢は、被災当時のものです。

子どもに覆いかぶさった

何が起きたのかわからずパニックになった

「どうしたらいいのかわからず、
娘を抱いたまま、その場にしゃがみ込んだ
（32歳女性・娘6カ月）」
「ファミレスで被災して、店員さんの指示で屋外へ避難。
車に乗ってラジオで情報収集した。
自分のいる場所が海から遠い高台だったので、
その場所で待機した。
信号は止まり、余震があったので、
3時間、その場で動けなかった（26歳女性・息子1歳）」

東日本大震災

授乳中だった

「授乳中に大きく揺れた。
娘に覆いかぶさるようにして、
揺れが収まるのを待った
（28歳女性・娘4カ月）」
「妊娠9カ月、外出中の地震。
大きな揺れのあと、
『まだ出てこないで』と祈った（25歳・妊婦）」

「あの子はどこ?」

子どものいる場所が まったく把握できていなかった

何も できない

「保育園は無事?」

「地鳴りがしたあと、大きく揺れた。
身動きができない中で娘の顔が浮かんだ。
揺れが収まったあと、
車に乗って無我夢中で保育園に向かったが、
余震に何度もハンドルを取られた
(34歳女性・娘3歳)」

津波がすぐそばまで迫っていた

「子どもと一緒に高台に避難して、
街が津波にのまれるのを
呆然と見ていた(29歳女性・娘1歳)」
「子どもを連れて高台の学校の屋上に避難した。
沿岸部に勤める夫が無事なのかわからず、
パニックになった(26歳女性・息子4歳)」

被災ママパパの声「あのときこうだった」地震

深夜の地震の恐ろしさに眠れなくなった

熊本に大地震がくるなんて
誰も予測していなかった

入浴中の地震で
パニックに

熊本地震

「最初の地震がきたとき、
息子は入浴中で、
息子はお風呂の水を飲み大パニックに。
避難するよりも前に、
子どもを落ち着かせるのが大変だった
（38歳男性・息子8歳）」

家が潰れるのが怖くて
車中泊する人が続出

「熊本は、台風の多い土地柄。
瓦が重く、吹き飛ばされないように
固定されているため、
屋根の重みで潰れた家屋も多かった。
避難所の駐車場や、路肩で車中泊を
している人が大勢いて、
異常な光景だった（42歳男性・娘5カ月）」

被災ママパパの声「あのときこうだった」地震

真っ暗な中に投げ出されるのは恐怖でしかなかった

暗闇の地震があれほど怖いなんて、思わなかった

「真夜中にベッドから振り落とされ、
何が起きたのかわからなかった。
子どもが自分の部屋で泣き叫んでいたが、
ものすごい揺れに、
すぐに駆けつけることができなかった（31歳女性・娘8歳）」

北海道胆振東部地震

外に飛び出したが、すぐにブラックアウトが起きた

「地震のあと、停電してテレビが
見られなくなった。
不安の中、ラジオやネットの情報を頼りに、
ろうそく1本で過ごした
（34歳女性・娘9歳、息子2歳）」
「深夜にケータイの地震アラームが響いた。
次の瞬間、ものすごい揺れに襲われた。
急いで避難所へ行こうとしたが、
渋滞で身動きが取れなくなった
（36歳男性・娘4歳）」

被災ママパパの声「あのときこうだった」地震

爆弾が落ちたかのような地鳴りがした

テレビが飛んできた

体がベッドの上で跳ね上がった

「爆弾が落ちたのかと思って飛び起きたら、
ベッドの周辺のモノが一気に飛んできた。
停電して灯りがつかず、
暗闇の中で子ども部屋に這っていった。
部屋も廊下もモノが散らばっていて
ガラスで手を切ってしまった
（31歳女性・娘7歳）」

街が火の海に

子どもの手を引いて必死で逃げた

家具が倒れてきて
危うく下敷きに

「夫は単身赴任中。
どうしていいのかわからず
子どもを抱いてうずくまっていたら、
同じマンションの友人が駆けつけてくれた
（27歳女性・息子2歳）」

同じマンションのママ友が
駆けつけてくれた

阪神・淡路大震災

パジャマのまま外に飛び出したがそこからどうしていいのかわからず
寒さに震えた

「テレビもラジオもつかず、
何が起きたのかもわからず、
途方にくれた（35歳男性・息子7歳）」
「『逃げなくては』と思って
妻と子どもと外に出たが、
真っ暗闇の中、どこに行けばいいのか、
どうしたらいいのかわからず、
とりあえず車中泊した。
いざというときガソリンがなくならないよう
エンジンをかけなかったので
寒くて仕方がなかった
（42歳男性・息子10歳）」

被災ママパパの声「あのときこうだった」豪雨・土砂崩れ

みるみるうちに街が水に浸かった

はじめて雨が怖いと思った

「まだ大丈夫と思っていたら
あっという間に冠水。
取り残された人が大勢いた
（39歳女性・娘5歳、息子1歳）」
「祖父がなかなか逃げてくれず、
説得するも『まだ大丈夫』と言って聞かなかった。
先に避難していたら、
周辺が一瞬で水に浸かった。
祖父はボートで助けられた
（41歳男性・息子8歳、4歳）」

平成30年7月豪雨

あっという間に冠水

「すでに国道なども冠水していたので、
マンションで待機。
停電する中で、恐怖を感じ、
リビングで家族で寄り添っていた
（29歳女性・娘4歳）」

被災ママパパの声「あのときこうだった」豪雨・土砂崩れ

土石流が、田畑や住居を埋め尽くした

車の自動ブレーキ機能が働き、冠水した道の真ん中で車が止まった

「あまりに激しい雨の中で
運転をして避難所に行くこと自体が、
恐怖だった（36歳男性・息子4歳）」

平成29年九州北部豪雨・小野豪雨

自宅の裏山が土砂崩れに1階にいたら命はなかった

「出産のために実家に
帰っていたときに被災。
2階に避難した直後に
土石流が家を襲った。
2階から救助されたが
間一髪だった
（40歳女性・息子生後2週間）」

被災ママパパの声「あのときこうだった」台風

隣の家の屋根が飛んできた

家が飛ぶかと思った

「バリバリバリ、
というすごい音がしたと思ったら、
次の瞬間、家に爆弾が落ちたような衝撃。
実際は、隣の家の2階の屋根がまるごと飛ばされ
うちの家の2階にぶつかっていた。
1階のリビングにいなかったら
家族の誰かが死んでいたかもしれない
（29歳女性・息子4歳、娘1歳）」

台風

すごい雨と風の中で自宅が床下浸水。恐怖しかない

「すごい風と雨で、
自宅から出られなかった。
しかし、家の前が冠水し、
どうなるのか不安でしかたなかった
（44歳女性・娘9歳、息子5歳）」
「外に出るとモノが飛んでくるし、
車の運転も危険なので自宅で待機。
でも、その判断が正しいのかどうか、
わからず迷った（32歳男性・娘4歳）」

電信柱が折れて屋根に突き刺さった

被災ママパパの声「あのときこうだった」大雪

避難したくても、避難しようがなかった

電車の中に 15時間 閉じ込められた

「帰宅中の線路に雪が積もり立ち往生。
電車の中で一夜を明かした。
立っている人と座っている人が
交代しながら皆で乗り切った。
水は配布されたが
お腹が空いてしかたがなかった
（40歳男性・息子5カ月）」

大雪

「車中で渋滞に巻き込まれて
たくさんの車が立ち往生。
大雪の中身動きが取れなくなった。
『ガソリンが切れたらどうしよう』と
不安でいっぱいだった
（30歳女性・娘4歳）」

雪で2階の窓まで埋まり 家から出られない

とっさのときの身の守り方

災害時の子どもの守り方

子どもを守るには「大人が無事」であることが大事。子どもと一緒に生き残るために

「同じ部屋にいたのに、子どもを抱え込むことすらできなかった。大きな揺れに転がされて泣き叫ぶ娘を見ながら、這いつくばるしかできない自分がいた。大きな地震のときは、無力だと思った（東日本大震災・24歳女性・娘2歳）」

防災センターなどの施設では、震度7の地震を体験することができます。実際、どのくらい揺れるのか、そのとき何ができるのか、体験してみると「震度7クラスの地震では、揺れが収まるまで、ほとんど何もできない」ということがわかると思います。

ただ、スマホなどの緊急コールのアプリを入れておくと、揺れがくるまでの数秒の間で、調理中の火を消して、子どもを抱きかかえることは可能です。数秒後の揺れに備えて、照明や家具など、落ちたり倒れたりする危険性のない場所やテーブルの下へ移動し、子どもと向かい合わせになった状態で、子どもの頭を大人のお腹で覆うように抱きかかえて座り込み、子どもを守ります。

このとき忘れてはならないのは、大人も自分の身を守ること。別室に子どもがいる場合も、まずは自分の安全を確保することが先決です。

家の中で被災したときのために、ごっこ遊びの延長で、子どもと一緒に身を守る練習をしておくようにしましょう。

はぐれたときを想定しておく

「デパートで地震に遭遇し、避難の混乱の中で、子どもとはぐれてしまいパニックになった（東日本大震災・32歳男性・娘7歳）」

外出時の災害では、子どもとはぐれないようにすること。これは、子どもと一緒に避難するときの大前提ですが、万が一、子どもがひとりになってしまった場合にも、安全を確保できるような備えは必要です。

子どもが普段持ち歩くバッグの中に、名前や年齢、連絡先、アレルギーの有無などを書いたパーソナルカードと、母子手帳のコピー、健康保険証のコピーなどを入れておくと安心です。

また、はぐれてしまった家族を探すときは、家族写真があると便利。スマホがあれば、保存している写真が活用できます。

歩ける子どもも抱っこで避難

大地震のあとには、ガラスの破片やがれきが散らばっているので、小さな子どもが歩いて避難するのは困難です。また、人波にもまれて、つないだ手を放してしまうことも。小さなこどもは抱っこして避難するようにしましょう。その際、子どもには靴を履かせておきましょう。

ベビーカーで避難しない

災害時、ベビーカーでの避難は困難です。地震のときはがれきが散乱して豪雨では道が冠水します。台風では風でモノが飛んできたりします。また屋内では、階段がごったがえします。いざというときのために、ベビーカーの中に抱っこ紐を1本入れておきましょう。

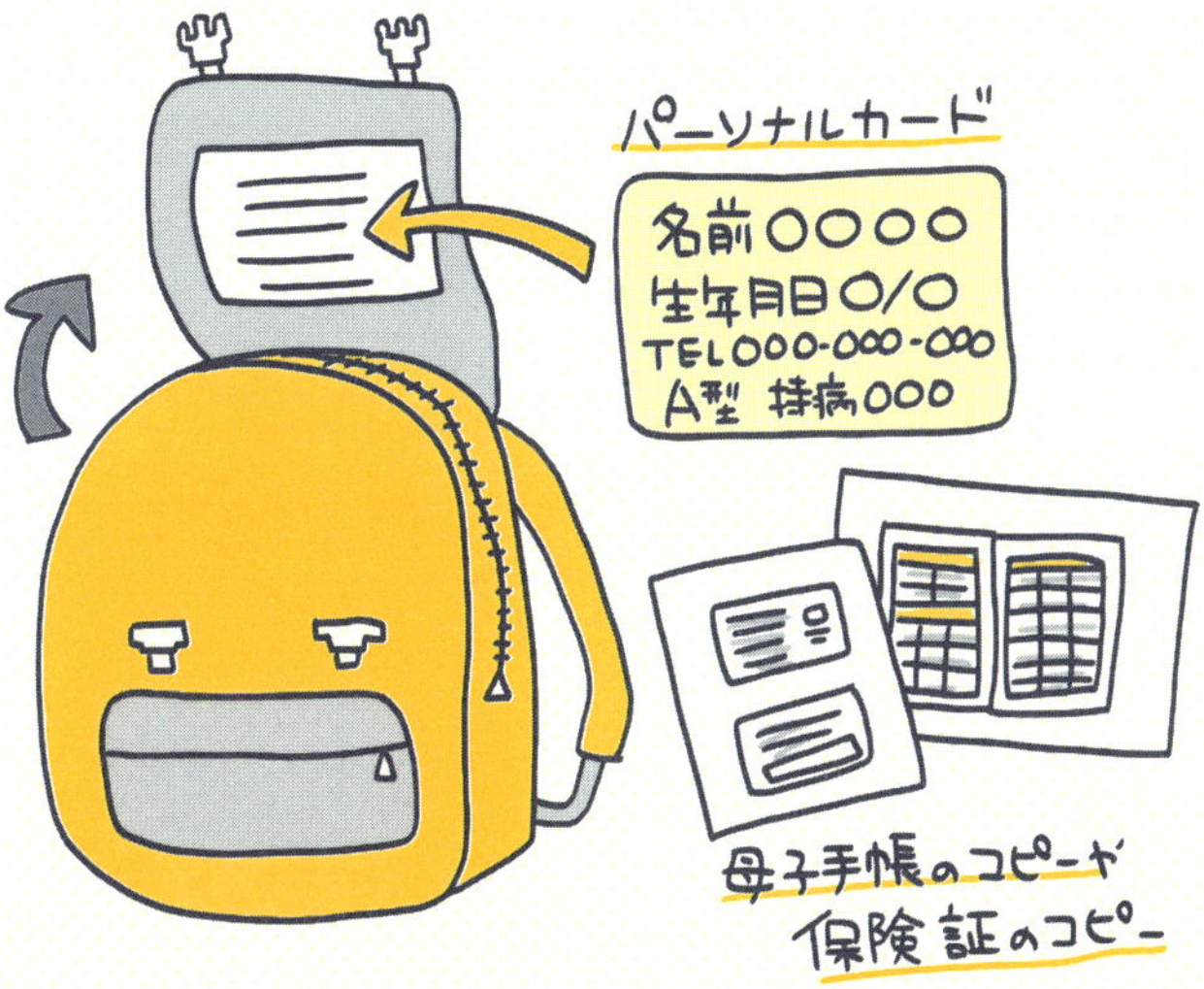

とっさのときの身の守り方

避難のタイミングを考える

災害の種類と規模によって、避難のタイミングが変わる

「寝ている間に浸水するのが怖くて、避難所に行こうと思ったが、道の状態がわからず、怖くて避難を断念（平成30年7月豪雨・40歳男性・娘10歳）」

「避難勧告が発令される前、『大丈夫だろう』と思っていたら一気に冠水した（平成30年7月豪雨・48歳男性・娘12歳）」

「避難するかどうかを迷っているうちに、一気に雨風がひどくなり、避難所に向かう方が危険だと判断。自宅の2階に皆で集まって過ごしたが不安で眠れなかった（平成29年九州北部豪雨・43歳女性・息子9歳）」

「津波から逃れようと山へ向かったが、間に合わないと判断。ビルに駆け込んで8階まで駆け上がって助かった（東日本大震災・45歳男性・娘6歳）」

防災マニュアルなどには、基本的な避難のしかたが書かれていますが、災害時、災害の種類と規模、状況によって避難するタイミングや場所は変わります。

そして、身の危険を感じてから避難するのでは遅すぎます。

まずは、今自分たちがどういう状況にあるのかを冷静に判断できるようにしたいところです。

そのための判断基準となるのは、正確な情報です。公式のニュースや防災ラジオ、避難情報を聞き逃さないようにし、警報が出たら早めの行動を心がけましょう。

避難指示を見逃さない

「避難を呼びかける放送がなされていたが、『まだ大丈夫だろう』と思っているうちに、床下浸水して逃げられなくなった。2階で家族で集まって過ごしたが、とても怖かった（平成30年7月豪雨・35歳女性・息子5歳）」

避難に関する情報が発信されたら、早めの避難を心がけましょう。

避難情報には、市町村から発令されるものと、気象庁から発信されるものとがあります。気象庁から発信される情報は、＜注意報＞→＜警報＞→＜特別警報＞の順で危険度が高くなります。市町村から発令される避難情報は＜避難準備・高齢者等避難開始＞→＜避難勧告＞→＜避難指示（緊急）＞の順に危険度が高くなります。

事前に避難のタイミングを検討

「いつ逃げたらよいのかわからない」というのは、防災講座の参加者からよく聞く言葉です。災害時は冷静な判断を欠くことも多いため、「こうなったら避難する」というラインをあらかじめ家族で決めておくようにしましょう。

臨機応変に判断する力を

都心のゲリラ豪雨や大粒の雹《ひょう》、台風直撃、梅雨前線停滞による長雨など、地震だけでなく、近年の日本での自然災害は「想定外」だらけです。マニュアルに頼りすぎず、災害の種類や近年の災害について学んでおきましょう。

段階的に出される主な防災気象情報と避難行動の例 大雨の場合 内閣府の資料から

危険性	〈気象庁など〉	〈市町村〉	〈住民〉
↓	**注意報** 災害のおそれがある	**避難準備・高齢者等避難開始** 避難経路が通行規制の基準を超えそうな場合など	気象情報に注意し、避難の準備をする 高齢者や乳幼児らは避難する
↓	**警報** 重大な災害のおそれがある	**避難勧告** 土砂災害警戒情報が出た場合など	避難をする
高	**特別警報** 重大な災害が迫っている	**避難指示（緊急）** 状況がさらに悪化したり、避難勧告による避難が十分でなかったりする場合など	避難勧告で、避難しそびれた住民が避難する 土砂災害では、避難しそびれた住民は屋内でより安全な場所に移る

気象庁などのその他の情報

- 記録的短時間大雨情報
- 土砂災害警戒情報（土砂災害の危険が迫っている）
- 指定河川洪水予報（水位の上昇など）

とっさのときの身の守り方

これだけはしない!!

「祖父が畑を見に行くと聞かなかったが、家族全員で断固として止めて避難所に連れて行った。後日多くの人がケガをしたと聞いて震えた（平成30年7月豪雨・33歳男性・息子5歳、娘2歳）」

「津波が迫ってきている中、父が『アルバムを取りに行く』と行って家に戻ってしまい、あやうく津波にのまれるところだった（東日本大震災・38歳女性・娘7歳）」

「台風が近寄ってきている様子を、海のそばの道沿いで撮影している親子がいて、怖いと思った（台風・25歳・妊婦）」

近年、動画投稿サイトなどで、災害時の様子を撮影してアップする人が増えましたが、中にはかなり危険な状況に見えるものもあります。川や海岸、畑の様子を見に行って濁流にのまれる人は後を絶ちません。

野次馬やスマホ撮影は、絶対にNG!! 命の危険につながることも!!

災害に対して恐怖心を感じ、備えようとしている人が増えてきている一方で、「自分だけは大丈夫」と過信している人が多いように思います。

また、避難すべきときに、他のことが気になっている状態では、正しい判断力を失い、命を落とすことにもなりかねません。

災害時には予想外のことがたくさん起きます。そのような状況の中で、気をつけていれば守れるはずの命を危険にさらすことがないようにしましょう。

野次馬や撮影をしないで逃げる

災害時「自分がまさかそんな目にあうなんて」と思ってしまうのは、実は人間の正常な反応でもあります。

なぜかというと、人は危険に対して敏感になりすぎると日常生活が送れなくなるため、危険に対して鈍感になり「自分は大丈夫だろう」という感覚を持つ傾向があるからです。大きな災害が起きても、そのうち日常に戻り、備えることを忘れてしまうのもその作用によるものといえるかもしれません。

しかし、自分の身に危険がせまっているなか、都合の悪い情報をスルーしてしまうと、結果、命を失うことにもなりかねません。特に危険なのは、野次馬や危険な場所での動画撮影。防災対策のひとつとして、子どもが危険な場所へ出向かないようきちんと話し合っておきましょう。

大事な書類や写真はクラウドへ

東日本大震災のとき、大事な写真や書類を取りに自宅へ戻り、津波にのまれた人がいました。とっさのとき「今なら持って逃げられるかも」という思いすら抱かなくて済むように、紙の古い写真はデジタル化し、書類などもデータ化して、クラウドに保存しておきましょう。

こんな場所で被災したら?

家族バラバラの被災に備える

大人も子どもも自分の身は自分で守る。その方法を子どもに教えることが大切

「いったん帰宅してから出て行った子どもが、どこに遊びにいっているのかわからず、家で待つしかなくて不安でいっぱいだった（東日本大震災・35歳女性・息子8歳）」

「都心にあるビルの40階付近で地震。エレベーターが止まり、階段で地上まで降りた。なかには高齢者や妊婦さんもいて大変そうだった。（東日本大震災・41歳女性・娘10歳、息子8歳）」

　災害は、いつどこで遭遇するかわかりません。特に地震は、突然やってくるもの。家族がちょうど一緒に家にいて、リビングで過ごしているときに被災した場合は、無事かどうかはその場でわかりますが、日中、それぞれの職場、学校、預け先で被災した場合は、お互いの状況がまったくわからず、パニックになる人も。

　ただ、何よりも大切なのは、親も子も生き残ること。大きな地震の場合は、同じ家にいたとしても、子どものいる場所にたどりつくことは難しいので、子ども自身が自分の身を守れるように、家の中なら部屋ごとに、外出時でもいろんな場所でシミュレーションしておきましょう。赤ちゃんの場合は、寝かせる場所や家の中の安全を確保することが大切です。

　また、大雪や台風など、天気予報で予測がつく災害の場合は「まだ大丈夫だろう」と安易に考えず、不要不急の外出は避けましょう。

ひとりで頑張れる訓練も必要

「子どもが避難所の中で迷子になったが、ボランティアの人に問い合わせて泣かずに戻ってきてくれて、たくましさを感じた（東日本大震災・32歳女性・息子5歳）」

「下校して家に帰ってきていた子どもが、テーブルの下で危険がないようにして待っていた。日頃から防災訓練をしていてよかったと思った（東日本大震災・36歳女性・息子7歳）」

子どもと離れ離れになった際、子どもがひとりで対応できるスキルがあるかどうかで、生存の可能性があがります。ふだんから一人で簡単なおつかいや役割をこなさせ、旅先では「迷子のときは、この旅館の人か、この交番。ここに聞けばママとパパに会えるからね」というように、シミュレーションをしておきましょう。

だんごむしのポーズを覚える

子どもに、災害時に身を守る「だんごむしのポーズ」を教えましょう。頭を両手で抱えて、まるまって身を守ります。もし、一人で地震に遭っても、自然とこのポーズが取れるくらい、遊びの中で何度も練習してくださいね。

子どもの行き先を聞いておく

子どもに、よく遊びに行く友達の家を聞いておくようにしましょう。また近年は防災グッズとしてキッズケータイを活用しているママパパも。子どもが遠方に電車で通学している場合など、必要に応じて検討しましょう。

こんな場所で被災したら？

地下鉄・エレベーターなどで被災したら？

自宅での防災をしっかりと考えていても、いつどこで災害に遭遇するかはわかりません。よく行く場所についてはいざというときのシミュレーションをし、台風や大雨、雪などについては天気予報に注意して、無理な外出は控えましょう。

外出先で地震にあったら、いる場所ごとに適切な避難が必要です。デパートなどでは防災訓練を受けた店員が誘導してくれるので、それに従って避難しましょう。

地下鉄やエレベーターなど、閉鎖的な空間での被災は混乱を招きがち。子連れの場合は、人の波にのまれて怪我をしないよう、様子を見てから安全に避難するようにしましょう。

閉鎖的な空間で被災するとパニックになりがち。まずは落ち着いて避難すること

駅や地下鉄では抱っこ紐で

ベビーカーから子どもを下ろし、抱っこ紐か、おんぶ紐で避難します。半地下のホームの場合は地上に出ようと出入口がごったがえすので、人の流れと、子どもの様子に十分に注意して、あわてずに地上へ向かいましょう。

エレベーターは避難には使わない

エレベーターが動いていたとしても、閉じ込められる危険性があるため、使わずに避難しましょう。エレベーターの中にいるときに被災したら、全階のボタンを押して止まった階で降ります。閉じ込められたら非常ボタンを押し、救助を求めましょう。

こんな場所で被災したら?

旅先で被災したら?

見知らぬ土地での被災。慌てずに宿の指示に従って避難する

「出張中にホテルで地震。はじめてきた土地で避難所も何もわからず混乱したが、『ここは高台なので津波は大丈夫です』という、ホテルのスタッフのおかげで、部屋で落ち着いてラジオで情報収集できた（東日本大震災・36歳男性・息子2歳）」

土地勘のない場所で災害に遭遇したときは、やみくもに動き回るのではなく、宿の人やその土地の人、ラジオやインターネットの情報をもとに避難方法を検討します。

出張や旅行が多い人は、事前にそのエリアで災害が起きたときのシミュレーションをし、避難所の場所、家族への連絡の方法などを確認しておくようにしましょう。

海外で被災したら大使館へ向かう

海外旅行の前に日本大使館の位置を確認し、荷物には水や食料などを入れておくようにしましょう。ネット回線は災害直後はまだ使えることがあるので、家族への連絡やSNSでの安否報告を。公的な機関から正確な情報を得るようにしましょう。

保険証と常備薬は必ず持参

旅行や出張先には、健康保険証と普段飲んでいる薬を多めに携帯しておくとよいでしょう。また、災害時は現金が便利。公衆電話から連絡ができるように10円玉を多めに持って行きましょう。スマホの充電もこまめにしておきましょう。

こんな場所で被災したら？

山・川・海で被災したら？

自然の気候は変わりやすい。状況に合わせて無理なく早めの避難を

「川辺で遊んでいたら、山の集中豪雨で突然水かさが増した。川の中で遊んでいたら危なかった（41歳男性・息子7歳、娘5歳）」

玄倉川水難事故では、川辺や川の中洲にテントを張った家族が、ダムの管理職員からの警告を無視した結果、水に流されて子どもを含む13名が亡くなりました。自然を相手にしたレジャーでは「このくらい大丈夫だろう」という考えは危険。特に子どもがいる場合は余裕のある避難が必要です。

また、山では、突然の雨による土砂崩れなどの心配があります。さほど高くない山でも、十分な装備ででかけるようにしましょう。

海辺からの避難は「高く早く」が原則

地震が落ち着いたときには、すでに5分以上経過しています。津波に関する情報が出ていなくても、海水浴中に地震が起きたら、10メートル以上のできるだけ頑丈な建物か、山に向かって避難します。また、天気が悪いときに海水浴に行くのは避けましょう。

川の中洲にはテントを張らない

アウトドアレジャーはそのまま防災訓練になりますが、細心の注意が必要です。特に、川のそばでのキャンプでは、中洲にテントを張るのは厳禁です。上流や、山の上の天気には随時気を配るようにし、子どもからは目を離さないようにしましょう。

こんな場所で被災したら？

美容室やエステで被災したら？

「パーマ中に被災。慌ててパーマ液をつけたままタオルを巻いて自宅へ帰ったのですが、落ち着いたころ、美容師さんが沸かしたお湯を持って流しにきてくれました（東日本大震災・29歳女性・息子5歳）」

最近は、美容室の防災も進み、いざというときの対応や薬剤の洗い流し方法などを検討している美容室が増えました。とはいえ、いざというとき、避難を優先させた場合でも、薬剤をそのままにしておくわけにはいきませんよね。

自宅に十分な水の備蓄と、カセットガスコンロがあれば、断水、停電してしまっていてもお湯を沸かして薬剤を流すことができます。

地震はいつくるかわからないもの。日常のさまざまな場面での被災を想定しておく

こういうときは？と考えてみる

エステの施術中、病院での入院中、歯科治療中など、無防備になりやすい場所や、逃げるのに時間がかかりそうな場所はたくさんあります。自分がよく行く場所で被災した際、どういう対応をするのか、担当の人に聞いておきましょう。

施設の避難経路を確認しておく

非常口などをあらかじめ確認しておきましょう。鏡やガラスなどが落ち、割れる可能性があるため、洗面器などで頭を守ります。慌ててバスタオル1枚で飛び出すのは危険です。落ち着いて、まずは着替えてから行動しましょう。

被災ママパパ体験談01 東日本大震災

下校中の子どもの安否がわからない

まだ学校なのか、
下校中なのか、
遊びに
行っているのか。
子どもの居場所が
まったくわからず、
パニックになった
（41歳女性・息子12歳、娘10歳）

共働きの夫とともに、仙台の職場でそれぞれ被災しました。大きな揺れのあと、頭に浮かんだのは小学生の息子と娘の安否でした。14時46分というと、下校中か、または友人宅に遊びに行っている時間帯。急いで夫に電話しましたが、なかなかつながりません。自宅にも、学校にもつながらず、30分ほどしてやっと夫のケータイにつながり、お互いの無事を確認しました。夫も子どものことが気になって「子どもたちはどうなってるんだろう?」「学校の対応はどうなんだろう?」と聞いてくるのですが、何も答えられず、よりパニックになりました。

「もしかしたら、仕事をしていないママなら自宅にいて、状況がわかるかもしれない」と思った私は、ママ友に何度も電話をしました。ようやくつながると「今、うちの子と一緒に集団下校してきたと思うよ」とママ友。うちの様子を見に行ってもらうように頼んだのですが、そこで、電話が切れてしまいました。とにかく、子どもたちの無事だけは確認できました。

仙台市内は電車もバスも止まっていて、職場から家に帰る橋は津波のために通行止め。私は車通勤だったので、夫を車で拾って一緒に帰ることにしたのですが、市内は信号もすべて止まっていて大渋滞です。帰宅まで何時間かかるかわからない状態でした。とにかく職場を出て車で夫の職場へ向かい、

合流できたのは午後7時を過ぎていました。自宅に帰れたのはそれからさらに1時間後。帰宅直前にママ友から電話がかかってきて、「子どもたちはうちで預かっているから、安心して帰ってきて」とのこと。震災後、ようやく子どもたちの元気な声を聞くことができ、安心のあまり夫と一緒に車の中で抱き合って号泣しました。

帰宅後の子どもたちの話によると「家に確実に親がいる人は集団下校で、親がいない人は学校で待機」と言われたそうです。その日、私の仕事が休みだと思っていた子どもたちは、集団下校で付き添いの先生と一緒にうちに帰ってきたそうです。私が家にいないことがわかり、先生と学校へ戻ろうとしていたときに、私の電話を受けたママ友が駆けつけてくれて、私たちが帰るまでそのママ友宅で過ごしていました。

また、周辺の学校のほとんどは、親が迎えにくるまで学校で待機していたといいます。親が迎えにこられずに、学校に泊まった子どもも多くいたそうです。自家発電がない学校では、暗闇の中で食べものもなく不安だったことでしょう。一方、暖かい家の中、ろうそくの明かりで、友だちと楽しくトランプをしながら待つことができた私の子どもたちはラッキーでした。

子どもには「もしも地震や台風など、災害があって、ママとパパが家に帰れないとき、連絡がつかないときは、○○ちゃんの家に行って待たせてもらいなさい」と伝えておくべきだったと思います。そうすれば、私自身も不安にならずに落ち着いて行動できただろうと思います。いざというときの対応を家族で話し合うことの大切さを痛感しました。

被災ママパパ体験談02 東日本大震災

あやうく保育園が津波に

海辺の保育園なのに、園庭に整列。もう少しで子どもも親も、津波にのまれるところだった

（32歳女性・娘2歳）

大きな揺れが襲ってきたとき、私は商業施設で勤務中でした。防災についての教育や災害時を想定した訓練を受けていたので、落ち着いて施設にいた人たちを避難所へ誘導。皆さんの安全を確認してから、子どもを預けていた保育園へ急ぎました。

娘の保育園は海辺の近くで津波の心配があるエリアでした。「すでに高台に避難してくれているだろう」と思いつつも、電話もつながらずに不安で、とにかく園に向かうことにしました。

到着して驚いたのは、子どもたちも先生も園庭に出て、迎えにくる親を待っていたこと。「ああ、私が心配しすぎたのか」と胸をなでおろしたとき、男性の保護者が「何をしているんだ！　津波がくるぞ！　全員、今すぐ避難するぞ！」という叫び声が聞こえ、私も我に返りました。急いで、自分の子やまだ親が迎えに来ていない子どもを乗せて、無我夢中で高台に車を走らせました。園庭は津波にのまれましたが、全員無事。今考えても震えがきます。

今回のことで「皆が避難していないから大丈夫」ではなく、危ないと感じたらいち早く避難することが大切だと思いました。

保育園とも、日頃から災害後の対応を確認したり、保護者同士で話し合うことも必要だと思います。

被災ママパパ体験談03　東日本大震災

津波に向かって車を走らせていた

子どもを心配するあまり、沿岸部に向けて車を走らせた。あやうく命を失うところだった

（28歳女性・息子5歳、娘3歳）

揺れが収まってからすぐに子どもを迎えに車を走らせました。海のほうから逃げてくる車で対向車線には車が溢れていました。ラジオからは津波の警告が……。ハンドルを持つ手が震えました。保育園に向かう道が通行止になっていて警察官に止められ、引き返すしかありませんでした。保育園が子どもを高台に避難させてくれていることを祈るのみ。七ケ浜の新居も危険とのことで、仙台の夫の実家に泊まりました。子どものことが心配で、私も夫も眠れない夜を過ごし、津波の映像は怖くて見ることができませんでした。

翌朝、津波の跡が生々しく残る中、夫と一緒に車を走らせてどうにか保育園にたどり着くと、子どもたちが走ってきて抱きついてきました。子どもを抱きしめながら気が緩んで、号泣していました。

保育園は高台にあり、保育士さんが園児全員を一晩中守ってくれていました。逆に、私が地震のあと警察官に止められる前に保育園に向けて車を走らせていたら、津波に突っ込んでしまうところだったと知りました。もしかしたら、子どもを迎えに行って帰りに津波にのまれた可能性もあるのです。ほんの少しの判断ミスで家族の誰かが命を落としてしまったかもしれないと思うと、震えが止まらなくなります。

新居は津波で流されましたが、家族が無事だったことが救いです。

被災パパママ体験談04 東日本大震災

臨月で被災し不安定になった

臨月での地震で、故郷が一瞬で消滅。どうしたらいいのかわからずに不安定になった。出産が急に恐ろしく思えた

（30歳妊婦）

出産を控えていた私は、漁港のすぐそばにある実家で過ごしていました。突然の地震で慌てる私たちに、海の怖さをよく知る元漁師の祖父が「急いで逃げるぞ」と言い、すぐに車で高台の小学校へ避難しました。私の実家から離れた場所で働いていた夫の安否はわかりません。「海から離れた場所にいるはずだから大丈夫」と信じることしかできませんでした。

翌日、明け方に私と母は流された自宅を見に行きました。高台から見下ろした私の故郷は跡形もなく流されていました。実家があった場所には、大きな漁船があり、戻る場所はもうないのだと実感し、避難所である小学校へ戻りました。避難所には夫がいて、無事再会。通勤路が通行止めで帰宅できずに、会社の駐車場で一晩過ごしたようですが「車でまともに通れないほど道路の状態がひどく、途中でたくさんの遺体を目にした」と言っていました。

家族全員大きなショックを受けていましたが、臨月だった私の一番の不安は、無事に出産できるのか、病院は被災していないのか、ということ。あれほど待ち望んでいた出産が急に恐ろしく思えました。

そんな状況の中、設備がない被災後の病院で、予定日どおりに出産。安産で安心しました。この子の顔を見ることができたのは、祖父の判断のおかげ。家族全員生き延びるには災害への知識と備えだと感じました。

被災パパママ体験談05 東日本大震災

余震が続く中で出産した

緊急用電源を利用して、余震が続く中で出産することに。ベッドが揺れ、うす暗くてとても怖かった

（35歳妊婦）

東日本大震災で被災したのは、妊娠10カ月のとき。もういつ生まれてもおかしくない状況でした。実母は体調が悪く、夫の実家も遠いため、産後ヘルプサービスや民間の産じょくサービスを利用しようと思っていました。地震のあとすぐに病院に電話をしたところ「産気づいたらすぐにきてください」とのこと。「電気や水道は緊急用のものがありますから」と言われましたが、不安でいっぱいになりました。

被災から1週間後に産気づき病院へ。病院の中は、緊急用電源を使用していたので、薄暗く、水やお湯もほんの少ししか使えない状態。「これで出産できるのだろうか」と不安で涙が止まりませんでした。

ただ、病院がひとまず無事だったこと、よく知っている医師や看護師さんがそばにいてくれたこと、同じように入院した他の妊婦さんとはげまし合えたことは、心の支えになり、出産に向けて前向きな気持ちを取り戻すことができました。

余震が続き、ベッドも建物も揺れる中での出産。安産でしたが、帰宅後が大変でした。断水している中での水の確保、ガスがない中でのお湯の確保、買い物にさえ行けない状況の中で、夜中の授乳や震災後の部屋の片づけをしなくてはなりませんでした。

被災ママパパ体験談06 東日本大震災

マンションの上階の揺れは半端なかった

マンションの11階激しい揺れに死を覚悟した。別室の息子の部屋に辿りつき、頭をかばって這いつくばった

（25歳女性・息子10カ月）

地鳴りがして次の瞬間、大きな揺れ。「あ！ 地震」と思った瞬間に、隣の部屋にいた息子の部屋に飛んでいきすぐさま抱えたのですが、揺れが大きくなり、マンションが激しく揺れ、息子を抱いたまま部屋の隅に飛ばされました。そのまま部屋の中を揺れに合わせてゴロゴロと転がり、息子を強く抱いて頭を守るのが精一杯でした。

部屋全体がさらに激しく揺れて、硬い木枠の頑丈なベッドの足が折れて戸を突き破りました。あらゆるものが棚から飛び出して、家電もまるで凶器のように飛んできます。重い家具が部屋をまたいで動き回り、天井の照明も左右に揺れて天井に打ちつけられそうな勢い。

「死ぬかも」と思いました。「息子だけは死なせない」「でも息子だけを残せない」「死ぬなら苦しませたくない」一瞬の間にそんな思いが交錯しました。

揺れが収まってから「次の余震がくるまでに逃げ出さなくては」と、部屋着のまま階段を駆け下りて外に出たところで隣の人が声をかけてくれました。息子を預けて防寒具を取りに戻り、夫が出張から戻ってくるまでの間、同じマンションの2階のママ友の部屋に4世帯が集まって過ごしました。

マンションの上の階は本当に揺れます。また、いざというとき、同じマンションの中に頼れる人がいるのは大切なことだと思いました。

被災ママパパ体験談07　東日本大震災

夫が入院中の娘に会えない

同じ建物にいるのに、家族に会えない。お互いの顔を見て安心できたのは、1週間もあとのことだった

（32歳女性・息子3歳、娘1歳）

大震災の日、私たち家族は長女が入院していた病院にいました。義母がお見舞いに来てくれたので、夫と長男が迎えに出て行きました。そのとき、大きな揺れがきました。長女のいた部屋にはほかにも3人の入院している子どもがいました。揺れが収まるとすぐに長女の無事を確認し、パニックになっている子どもたちに声をかけました。

携帯電話の回線がパンクする前に無事だけでも伝えようと、夫と他県にある実家にメールを送信。義母と夫からもメールがあり、家族全員の無事を確認することができました。

不安な気持ちでいると、医師や看護師が見回りに来てくれました。夫と息子、義母はロビーにいるようだとわかったのは、夫が看護師さんに預けたメモから。どうやら病院が外部者の出入りを制限していたため、病室まで上がってこれないようでした。

その日の夜は、同じ建物にいるにも関わらず、夫らはロビーで毛布を借りて一夜を過ごし、私は長女と過ごしました。

翌日、夫らはいったん自宅に帰りましたが、ガソリン不足もあって、その後しばらく病院にくることができず、お互いの顔を見て安心できたのは、1週間もあとの話でした。

COLUMN01

被災証明書と罹災証明書

公的・民間支援を受けるために被災証明書・罹災証明書を申請しよう

地震や台風、津波などの天災などによって住居が被害を受けたときは、自治体の窓口で、被災証明書や罹災証明書を取得しましょう。

被災証明書は災害を受けたということを証明するもので、申請すればその日のうちに発行してもらえます。損害保険の申請などに必要となります。

罹災証明書は、住宅の損害の程度を証明するもので、申請すると専門家によって現況調査が行われます。罹災証明書があれば、税金や国民健康保険の減免など、公的支援を受けることができるほか、被災者生活支援金などがもらえます。また、民間の金融機関から無利息や低金利で融資、私立の学校の授業料減免が受けられるなど、支援の対象となります。

ただし、罹災証明書の申請をしてから認定されるまでに時間がかかることもあるので、罹災届出証明書も同時に発行してもらうようにしましょう。

罹災証明書の申請には期限が設けられていることもあり、罹災してから原則14日、1カ月など、非常に短期間で締め切られる自治体も多く、災害が落ち着いたころには受付終了していることも。事前に確認しておきましょう。

2

体験談に学ぶ本当に必要な防災とは

被災ママパパの声「災害のあとはこうなった」地震

生活も交通もすべてが麻痺

交通網はすべて麻痺

東日本大震災

余震の度に飛び起きた

生活用水が確保できない

「震災のあとすぐに水道の
蛇口をひねると
水が出たので急いで湯船、
バケツ、タライに水を溜めた。
そこから断水してしまい
復旧に1カ月近くかかった
（29歳女性・息子5歳、
娘2歳）」

自宅避難だと情報が入らない

「子どもが幼いこともあり、
自宅避難。
支援物資を取りに
避難所へ行くと、
物資はもうなくなっていた
（31歳女性・息子5カ月）」

「物資はもうありません」と言われた

「避難所でインフルエンザが大流行。
自分も夫も子どもも罹患してつらかった
（40歳女性・息子4歳）」

お金のことが心配だった

「自宅が津波で流され、夫の会社も被災。
今後の生活のことを考えると
不安で仕方がなかった
（35歳女性・娘2歳）」

被災ママパパの声「災害のあとはこうなった」豪雨・土砂崩れ

いつまで経っても土砂の片づけが終わらない

真夏の作業に体調を崩した

心が折れた

豪雨・土砂崩れ

「新築の家が床上浸水して
心が折れた
（32歳女性・息子6歳、娘2歳）」

「『私道の片づけは個人の責任。』
そう言われても、土砂の片づけは
個人では無理。
業者に頼んでも、順番待ちで
日常に戻れない（45歳男性・娘8歳）」

被災ママパパの声「災害のあとはこうなった」大雪

しばらく家から出られなかった

自宅避難だけど実質孤立していた

「雪の中、自宅から出られず
1週間自宅から出なかった。
食料もオムツも足りず
実質孤立していた
（32歳女性・息子2カ月）」

大雪

物資が届いても必要なモノがなかった

「避難所に出向くと、物資は届いていたが、
アレルギーのある子どもの
食べ物はなかった（22歳女性・娘2歳）」
「避難所でしばらく過ごしたが
子どもが泣く度に外に連れ出すことになり
あまりの寒さに、自分も子どもも風邪をひいた。
子連れで避難所や仮設で過ごすのは
難しいと思った（29歳女性・娘8カ月）」
「水道が凍結して水道管が破裂したため、
水が使えない日が続いた。（32歳男性・娘2カ月）」

水道管が破裂して1ヵ月もの断水

避難所で過ごすのは無理だと思った

家も夫の仕事もすべて失って、避難所を転々とする毎日。未来がまったく描けずにいた。とにかく苦しかった

（25歳女性・息子2歳）

2011年3月11日。私たち家族は福島で被災し、家は津波で流されました。家族や近所に住んでいた弟一家も命は無事。それだけが救いでしたが、夫の会社も流されて、職場復帰も難しい状態になりました。

一瞬のうちに、何もかもを失い、人生が一変したのです。そして、その怒りや喪失感をどこにもぶつけることができませんでした。

「とにかく生きていかなくては」。数日は、避難所に指定されていた小学校の体育館で過ごしましたが、震災後のストレスで過敏になった息子が泣いたり騒いだりして、おとなしく過ごすことができませんでした。

体育館は、幼い子どもがいる家庭には本当に過酷な場所。結局、震災3日目に、県外に親子が過ごしやすい避難所があると聞き、弟家族と一緒に県外に避難することを決断。避難した先は、個室が設置されていて、食事にもお風呂にも困らないところでした。他の方にも迷惑をかけるので、個室で過ごせるだけでもホッとしました。

震災後息子は小さな物音にもビクビクし、私の側を片時も離れられなくなりました。狭い個室の中ではいくら家族とはいえ、それぞれストレスが溜まっていたのですが、人は少しずつ順応し、どんなときでも前に進める力を持っています。子どもの数が多い避難所の中で、息子も少しずつ周囲

の子どもたちと打ち解けて遊べるようになり、ママやパパ同士も情報交換をして助け合って過ごしました。

避難当初は、その避難所も100人くらいの人でひしめいていましたが、徐々に皆行き場所を見つけて去り、3月半ばを過ぎた頃には60人ほどに、4月半ばには40人になっていました。周囲は日常に戻っていくのに、帰る自宅はなく、夫の仕事もなく、戻る日常がどこにもない私たち。避難所から出ていく人たちを見ながら、時折苦しくなり、「なぜ自分たちがこんな目に」という気持ちが湧いていました。

4月半ばには、避難所の運営側から「今月末で退去してほしい」と言われました。ただでさえ見えなかった先がさらに真っ暗になりましたが、希望の光も見えました。避難所で就職活動をはじめていた夫の就職が決まり、近くでアパートを借りられる目処がついたのです。

馴染みのない土地での再出発に不安がないわけではありません。でも、子どもの笑顔に助けられ、なんとか新たな生活が見えてきました。

思えば、福島に嫁いだときも、友人はひとりもいませんでした。子どもが生まれ、子育て広場などで知り合ったママたちと交流しながら溶け込んでいけたのだから、きっとまた、同じように頑張れる、そう思って生きてきました。今は、たくさんの友人ができて楽しく暮らしていますが、なつかしくて大切な故郷のことは、今でも忘れることはありません。時々戻りたくて苦しくなることもあります。二度とこのような思いをする人が出てこないように、自分の体験を伝えていきたいです。

被災ママパパ体験談09　東日本大震災

出産する病院が見つからず、不安でいっぱいに

出産予定の病院が被災。遠方へ避難し出産難民になった。何度か断られた末、インターネットで探した病院で出産

（24歳妊婦・息子2歳）

自宅や出産を予定していた病院が被災。夫は災害時に職場から離れられない仕事だったため、2歳の息子を連れて東京の親戚の所に身を寄せることにしました。

本当は被害の少なかった実家に行くことも考えたのですが、実家は原発の避難区域からあまり離れていない場所にあり、放射能のことが心配で、故郷を離れることにしました。

親戚は皆暖かく迎えてくれました。また、避難所で生活する人たちの姿をテレビで見ながら、暖かく食べ物のある環境で過ごせることに心から感謝の気持ちでいっぱいになりました。その一方で、子どものいない家庭の中で、お互いに戸惑うことも多く、息子がドタバタ走り回ったり、大声を出したりすることで、お互い少しずつストレスが溜まっていくのを感じました。

親戚は「大変なときだから好きなだけいていいよ」と言ってくれたのですが、やんちゃ盛りの2歳の息子を静かにさせるのは難しく、非常時とはいえ、違う家族が一緒に過ごすことの難しさを実感しました。結局、元気で遊び回れるように、早々に家探しをはじめることにしました。

さらに、探さなくてはならなかったのは家だけではありません。出産す

る病院も見つけなくてはなりませんでした。夫がいない中、一人で不安になったのですが「私が笑顔でいなければ、息子も生まれてくる子どもも落ち込むに違いない」と自分を奮い立たせました。ネガティブな気持ちが顔を出す度に、息子の顔を見ながら、お腹をさすりながら、頑張りました。

ネット検索で病院を探し、口コミなどを参考にして候補を絞り、問い合わせたのですが、病院の窓口の人からは、「半年先まで出産の予約は受け付けられない」と言われました。

保健所に相談すると、東日本大震災で避難してきていることを伝えるように言われました。改めて病院に「被災者で出産難民になっている」と伝えると、電話口に医師が出てくれて、出産させてもらえることになりました。震災から1カ月半が経っていました。

それから1カ月後、無事に男児を出産。2回目の出産でしたが、震災によってすべての予定が狂ってしまい、戸惑いの多い出産でした。

出産難民になったときは本当に不安でしたが、受け入れてくれた病院には感謝の気落ちでいっぱいです。親身になって話を聞いてくれた保健所の人、私たちを迎え入れてくれた親戚など、人のあたたかさをたくさん感じた数カ月でした。

生活が落ち着いてから、防災についても前向きに取り組むようになりました。あのとき、助かった命と、生まれてきてくれた命を大切にしながら、頑張って生きていこうと思っています。

被災ママパパ体験談10 東日本大震災

栄養不足で口内炎などで苦しんだ

幼い子どもがいたので
避難所には行かず、
自宅避難生活。
買い置きだけで
1週間過ごした。
栄養バランスは
最悪だった

（31歳女性・息子4歳、2歳）

地震のあと、避難所に避難したものの、幼い子どもには避難所生活は無理だと思い、近所に住んでいた母方の祖母を呼んで、しばらくの間は自宅避難生活でした。

自宅は停電中で、情報収集をするためのテレビを見ることもできず、ケータイの充電もできなかったのでとても不便を感じました。

食事は、懐中電灯で手元を照らしながら、買い置きをしていた食べ物を簡単に調理。暖房も一切ない状態だったので、電気のつかないコタツの中に家族全員で潜り込んで食事をしました。幸いにもガスと水道が使えたので、お湯を沸かして湯たんぽや一升瓶にお湯を入れて布でくるみ、コタツの中に入れました。これは祖母のアイディア。非常時には昔の人の暮らしの知恵こそ、役に立つのだと思いました。

ほかにも、家族で知恵を出し合って、昔ながらの遊びで家族団らんをし、助け合いながら過ごしたことで、家族のきずなは強まったように感じました。

また、食材の買い置きは多くしていたつもりだったのですが、どうしても野菜が足りず、野菜ジュースで補ったものの、口内炎ができたり、口の両端が裂けたりしました。子どもの栄養バランスを考えて備蓄しておくべきだと思いました。

被災ママパパ体験談11 東日本大震災

子どもがインフルエンザになった

食料品はもちろん、オムツなどの生活用品も手に入らない日々。3人の子どもがインフルエンザになり大変だった

（35歳女性・息子5歳、娘3歳、1歳）

子どもたちをお昼寝させていたところで被災し、コタツの中に避難させました。ケガもなく自宅も無事でしたが、ご近所では、建物や道路に亀裂が入るなどの被害がありました。

ライフラインはすべてストップしました。電気は2日後には復旧したのですが、入れ替わるように水が出なくなりました。ガスもガス会社が津波の被害を受けて「1カ月は供給できない」とのことでした。

1カ月、お風呂に入れないのは深刻です。少し離れたところにある温泉施設が被災者に向けて開放されていたので入りに行きましたが、ガソリンが不足していたので頻繁には行けません。また、食料も生活用品もガソリンも手に入らず、とても不安な毎日でした。オムツを換えるのもギリギリまで待ってから。今までの当たり前のこと、モノがいつも簡単に手に入る環境は、本当にありがたいことだったのだと実感しました。

この状況の中、3人の子どもたちが高熱を出してダウン。病院もなかなか診てくれるところが見つからず、やっと開いている小児科を見つけて受診するとインフルエンザでした。処方されたタミフルを服用させて安静にしていました。

被災ママパパ体験談12 東日本大震災

妻と子どもに会うのに1週間かかった

会社で被災し帰宅すると、自宅は流されていた。妻や子どもがどこに避難しているのかまったくわからず、延々と探し歩いた

（32歳男性・息子2歳）

仙台市内で被災。荒浜にあった新築の自宅は、津波で流されていました。妻のケータイはつながらず、「もしも、妻と子どもが自宅にいて、津波に流されてしまっていたら」。そんな最悪のことが頭をよぎりましたが、無事を信じて、避難所を1つずつ訪ねて回りました。

避難所の場所などを確認していなかったことを後悔しました。いくつかの避難所は流されていたこともあり、何度も、不安に押しつぶされそうになりました。避難所を回って、ひしめく被災者の間を縫うようにして歩き、拡声器を持っている支援の人に呼びかけてもらい、掲示板にメッセージと、念のためケータイ番号を残しました。

3日後、ケータイに見知らぬ番号から着信があり、取ってみると妻からでした。妻は慌てて逃げた際にケータイを落としてしまったらしく、私のケータイの番号を覚えていなかったために、連絡できない状態で、私が残した伝言メモを見つけてケータイを借り、電話してきたのです。

やっと、妻や子どもと再会できたときは、お互い号泣でした。家が流されたことよりも、お互いの安否がわからなかったことのほうがつらかったです。

避難所の確認はもちろん、いざというときの集合の仕方など、改めて細かく考えておく必要があると思いました。

被災ママパパ体験談13　平成30年7月豪雨

土砂の片づけがまったく進まない

被災よりも
そのあとが大変。
いつまでも進まない
作業に疲れ、
気力が湧かない。
早く日常に
戻りたい

（35歳男性・娘4歳）

西日本豪雨で被災し、自宅の1階は完全に浸水しました。私たちは大雨特別警報に合わせて高台にある小学校へ避難していたので無事でした。大変だったのはそれからです。まず、真夏の体育館はものすごい暑さでとても過ごせる環境ではありません。子どもは機嫌が悪く、早く自宅に戻らなくてはと思いました。水が引いた3日後に自宅に戻ると、家の1階は泥だらけになっていて途方にくれました。

周囲の家の人たちも、自宅を見つめて呆然としていました。ご近所では逃げるのが遅れて亡くなった方もいました。

捜索活動が続けられる中、私は、避難所と自宅、会社を行ったり来たりしながら土砂の片づけをはじめました。

私の自宅の周辺は私道だったこともあり、土砂の片づけは自治体などには頼れず、すべて自分たちでやらなくてはなりません。復旧がまったく進まない中、災害ボランティアの方が助けにきてくれました。

ただ、住める状態になるにはいつまでかかるのかまったく見当がつかず、近くの川から離れた場所にアパートを借りました。自宅の2階から助かった家具を少しずつ運び込んで、どうにか生活をはじめました。先のことがまったく見えず不安です。

今すぐできる10のこと
簡単なことからはじめよう

1 行けるときにトイレに行っておく

電車の中で被災して、長い時間閉じ込められてしまうことも。災害が発生した直後にはトイレに行けない状態になることも。簡易トイレが使えない状況も考えられるので、こまめに行くようにしましょう。

子どもの場合は本当に我慢できなくなるまでトイレに行きたがらないこともあります。乗り物内での被災を考えて、トイレトレーニングが終わった子どもでも、ママバッグにオムツを1枚入れておくと安心です。


防災力アップのカギは、つねに日常生活の中にあります。

特に子どもがいる家庭での防災は、日頃から子どもとどう過ごしているのかが、有事に家族を助けてくれる術になります。

たとえば、トイレ。子どもはギリギリまで我慢しがちですが、いざというとき、トイレに駆け込めない状況を考えると、大人も子どもも、こまめに済ませるように習慣づけること。

また、防災グッズを新たに買い足す前に、日々使っている消耗品を1週間分多めに購入するだけでも、防災力は劇的にアップします。特殊なことよりも日常の見直しから。ぜひトライしてみてくださいね。

2 レースカーテンやブラインドを閉めておく

ガラス窓には、基本、ガラス飛散防止フィルムを貼ることをおすすめしますが、その前にも、できることがあります。それは、日中過ごしている部屋のレースカーテンやブラインドは閉めておくということ。地震や台風などによってガラス窓が割れた際、ガラスが部屋の中に飛び散るのを防ぐことができます。また、寝る際も、カーテンを閉めるのを忘れないようにしましょう。

3 寝ている場所の安全を確認してみる

深夜熟睡しているときに起きる地震は、想像するだけでも怖いものですが、真っ暗な中で本棚などがベッドの上に倒れてくると、ケガやパニックの原因になります。

大人の寝室や子ども部屋で、実際にベッドに寝転がって、安全を確認してみてください。揺れたら落ちてくるかもしれないもの、倒れてきそうな家具などは、位置を変えるなどして対策を取りましょう。

4 スマホに必要なアプリを調べて入れておく

時間があるときに、スマホに災害時に役立つアプリをダウンロードしておきましょう。地震アプリの定番緊急地震速報通知アプリをはじめ、普段の防災力を底上げしてくれるアプリが多数存在します。

またラジオを携帯していない人は、スマートフォンで無料でラジオが聴けるサービス「radiko.jp」などのアプリを入れておくと便利です。

5 ケータイ充電器はつねに持ち歩く

災害時に停電が起きることは少なくありません。テレビが見られない中、情報収集に活躍したのはスマートフォンでした。東日本大震災の際もネット経由で情報が取れたおかげで津波の被害から逃れられたという人も。今や、スマホは命づな。モバイルバッテリーは乾電池式や充電式など種類も豊富。使いやすいものを選んで、つねに持ち歩くようにしましょう。

6 生理用品とオムツは使い慣れたものを十分に

災害時には、ストレスで予定していない生理になることもあります。次の生理までに物資が揃っているとも限りません。防災講座の参加者から「避難所に行けば、手に入るんでしょう？」という質問を受けることがありますが、行政の防災倉庫には、十分な量の生理用品、オムツは備えられていませんから、日頃から必要な量の倍の買い置きをしておくようにしましょう。

7 水、レトルト食品、乾物を多めに買い置きする

モノを置かないシンプルな暮らしに憧れる人も多いかと思いますが、適量の備蓄は必要です。特に幼い子どものいる家庭では、避難所に行くことが難しい場合も多いため、災害後の1週間は、自宅で買い物をせずに乗り切れるように備えておく必要があります。非常食だけでなく、日用品や水、レトルト食品、乾物を多めに買っておくようにしましょう。

8 ママバッグは使った分だけ足す

赤ちゃんとの普段のお出かけに持ち歩いているママバッグは、外出時に必要なものが揃っている最強の非常用持ち出し袋でもあります。だからこそ、使った分はすぐに補充するようにしておくとよいでしょう。赤ちゃんに必要なものだけでなく、水やお菓子、常備薬など、いざというときママにも役立つものをセットしておくと安心度が増します。

9 外出先で非常口とAEDの場所を確認

旅行の際や外出先では、目的地に到着したらまず非常口とAEDの場所を確認する癖をつけましょう。ゲーム感覚で、子どもと一緒に非常口を探すようにしておくと、「あ！　非常口あったよ！」と子どもが楽しく見つけてくれるようになります。同時に、避難経路も確認しておくとよいでしょう。高い建物の場合は、エレベーターが止まった際の避難経路もチェックしておきましょう。

10 ガソリンは半分になったら入れる

災害のとき、車が動くかどうかで避難生活に大きな影響がでます。ガソリンが十分に入っていれば、いざというときの避難や、車中泊にも役立ちますし、遠方のショッピングモールなどへ買い物に行くことができ、子どものお迎えなどにも困りません。特に、地方などに住む普段から車を主な移動手段にしている人は、こまめに給油することが大切です。

防災、というと多くの人が「まず非常用持ち出し袋を用意しなくては」と意気込まれるのですが、それでなくとも日々育児に追われる子連れ世代は、子どもを追いかけ回すだけで精一杯だったりしますよね。

だからこそ、まずはこの10項目を日々生活しながらクリアしてみてください。かなり防災力がアップします。どれも特殊なことではなく、日常の中での心がけでできることばかりです。10項目すべてでなくても、ひとつやってみただけでも、昨日よりも防災力はアップしています。

防災は、無理をせずにやれることを少しずつ増やして、それを習慣化していくことが大切です。すべて完璧、という状態を目指すよりも、少しずつ底上げしていくこと。気づけば、災害のことなど気にせずにすむほど、自然と防災力があがっているのが理想です。

自宅を安全なシェルターにしよう

子連れ家庭は自宅避難が基本。万が一のとき自宅が安全なら、安心して過ごせる

睡眠時間を含めれば一番長い時間を過ごすのが自宅。つまり、一番災害にあう可能性が高いのも自宅です。

東日本大震災では「地震のあと、家の中がぐちゃぐちゃで、ガラスの破片などが飛び散り、危なかったので避難所で過ごした」という人も多かったのですが、一方で「避難所では、子どもが大人しくできず、周囲の人もストレスが溜まっていて居づらくなり、結局自宅に帰った」という子連れ家庭が多く、子連れでの避難生活の大変さがうかがえました。

「災害後の生活の拠点が自宅にあるほうが楽だし、感染症などのリスクも少なくて安心です」というのは、本書のイラストを担当した宮城県在住のイラストレーターで、防災士のアベナオミさん。アベさん自身も子どものアレルギーや過ごしづらさのため、避難所へ行くことを断念し、自宅で過ごしたそう。

ママプラグの防災講座でも、「まずは自宅が安全な場所になるように」と伝えています。自宅の危険な場所について考え、それぞれに対策を取り、震災後1週間は自宅の中で安全に過ごせるようにしましょう。

子どもが幼くて、モノが散らかりがちな場合も、夫婦の寝室や和室など、どこかひと部屋は、できるだけモノを置かずにガラスや家具など、倒れるものがないようにしておくようにしましょう。

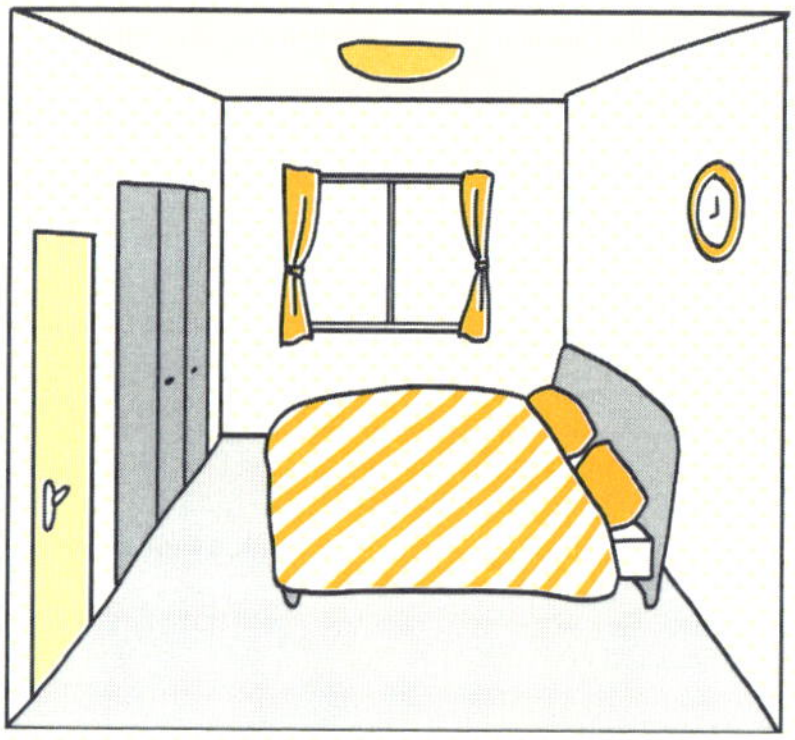

危険な場所を チェックしておこう

玄関
棚にモノを置いておくと倒れて破片が散らばる

廊下
モノが散乱して、ドアや避難経路を塞ぐ

ベッドルーム
タンスやドレッサーが倒れ、全面鏡が割れる

子ども部屋
本棚が倒れ、学習机の引き出しが飛び出す

トイレ
廊下に置いた棚が倒れてドアが開かなくなる

バスルーム
窓ガラスが破損し、ラックの小物が落ちてくる

和室
仏壇やタンスが倒れ、ふすまや障子が開かない

キッチン
電子レンジや炊飯ジャーが飛び、食器が飛び出す

リビングルーム
テレビが倒れ、センターテーブルのガラスが割れる

窓際
窓ガラスが割れて、部屋中に破片が散らばる

バルコニー
鉢植えやパーティションが倒れ、もの干し竿が落下

被災体験から学ぶ防災術02

車は移動可能な避難所になる

自宅、車、友人宅親戚の家など。避難所ではない避難場所を、いくつか持つ

「家族全員無事。安心したのもつかの間、幼い子を連れての避難生活は大変で二度と経験したくない（東日本大震災・29歳女性・娘1歳）」

「自宅に必要なものを備えていたが、床上浸水で無駄になった。2階にも備えておけばよかった（平成30年7月豪雨・24歳妊婦）」

被災ママパパの経験から、防災拠点をいくつか持っておくことの必要性がうかがえます。自宅の安全を確保したら、次の拠点を検討しましょう。

郊外に住む人は、車が防災拠点になることも。必要な備蓄をしておけば、立派な避難所に。安全な場所に避難して、雨風をしのぎ、仮眠をとって過ごすことができます。何よりも、子どもの泣き声など、周囲に気を使わずに避難生活を送ることができるので、ママやパパのストレス軽減にもつながります。車にキャンプグッズを積んでおけば、車とテント内でふたつの部屋を確保することができ、万が一、自宅で過ごせない事態が起きても安心です。ただし、体調にはくれぐれも注意しましょう。

また、災害時に、ママ友パパ友家族や親戚との連携を図ることで、子どもの面倒を交代で見ることができ、大人の可動範囲が広がります。誰かの家が危険なときは、他の誰かの家に避難できるよう、それぞれの家族に必要なモノを互いに備蓄しておくとよいでしょう。

電気自動車が役に立つことも

熊本地震では、電気自動車のバッテリーに備えた電力で停電中の益城町役場を照らしている様子がテレビで放映されていました。最近ブームになっている電気自動車は家庭用電気供給に役立ちます。新車購入の選択肢として考えてみるのもよいでしょう。

車の防犯対策も十分に行う

人目につかない場所のほうが、落ち着いて過ごせると思う人も多いのですが、災害時は物資が足りず、人々にストレスも溜まっているため、盗難も増えます。夜は暗闇よりも人目につく場所に移動してロックをし、貴重品を置きっぱなしにしないようにしましょう。

車に防災グッズや水を備えておく

車を上手に活用すると、災害後の過ごし方が楽になります。

車の中には、水、クッキーのように温度変化に強い食べもの、毛布、タオル、バッテリーチャージャー、ダウンジャケット、子どもの着替え、簡易トイレなどを備えておくようにしましょう。

エコノミークラス症候群に注意

車での避難生活で気をつけたいのがエコノミークラス症候群です。特に妊婦や高齢者がいる場合は、適度に体を動かし、ふくらはぎを揉んだり、足首を回したりして血栓ができないようにしましょう。また、一酸化炭素中毒にならないように、換気にも気をつけましょう。

被災体験から学ぶ防災術03

お片づけ防災を実践しよう

「防災」というとおっくうに感じてしまうママパパも「お片づけ」や「ミニマルなくらし」というと「それ、やりたいです！」という声があがります。誰もが防災は面倒、でも、部屋を片づけて優雅に暮らしたいという気持ちはありますよね。それが防災につながるからこそ、ママプラグでは日々の暮らしを底上げすることを推奨しています。

たとえば、棚の上にモノがひしめいているだけで、地震がきたときに凶器になり、モノが散乱した中から貴重品などを見つけ出すだけで大変な労力を強いられることになります。逆に揺れても割れるモノや散らかるモノがなければ、災害後も家の中で安全に過ごすことができるわけです。

あるべきところにモノを置いておく。必要なモノを必要なだけ持つよう心がけよう

最近は、片づけだけでなく、モノを持たない暮らしを取り上げた本などが増えていますが、大切なのは「適切な量を備える」「必要なモノ以外は持たない」ということ。その結果、部屋の中もスッキリし、気持ちよく過ごせるのです。

「そうはいっても、小さな子がいる家で散らからない生活なんて無理」という声も聞きますが、家の中の無駄なモノを整理し、あるべき場所に必要なモノを備えておくだけで、防災力は格段にあがります。

大掃除や子どもの進学のタイミングで家中を一度見直して、生活の質自体をアップさせましょう。

あるべきモノを
あるべき場所に

「懐中電灯を買っていたのに、どこに置いたのかわからず、モノが散乱した部屋の中で探し出すのに一苦労だった（東日本大震災・30歳女性・娘4歳）」

「備えていた防災グッズが、倒れてきたタンスに押しつぶされていて、引っ張り出すのに苦労した（東日本大震災・27歳女性・息子1歳）」

お片づけ防災の基本は「基本的に家を片づけておくこと」なのですが、「家具が倒れないようにしておくこと」と「使いやすい場所にモノを置いておくこと」も大切。たとえば、懐中電灯は、玄関やトイレ、リビングなどに、紐をつけて決めた場所にぶら下げておくと、突然停電しても探すのに困りません。家具類は倒れないように転倒防止対策を。子どもの命を守ることにもつながります。

モノを飾るなら
滑り止めを

目につくところにモノがなければ、地震で揺れたときに散らばることもありません。インテリアはできるだけスッキリさせたいところですが、飾りたいモノがあるときは、家電の滑り止めシートなどを利用して、揺れで落ちてこないように工夫しましょう。

防災グッズの
置き場所を設定

せっかく備えた防災グッズも、どこにあるのかわからなくなり、しまい込んで取り出しづらいとなると、いざというときに困ります。いつでも取り出せて、邪魔にならない場所に置けるよう、不必要なモノを整理するのがお片づけ防災の基本です。

面倒なら
まずはひと部屋から

いくら家族の安全のため、と言っても、育児をしながら家中を完璧に片づけるのは、とても大変ですよね。そんなときは、「安全なひと部屋」があると安心。「寝室」「和室」など、もともとものが少なくて安全が確保しやすい部屋から手をつけましょう。

被災体験から学ぶ防災術04

キッチンでは「モノが飛び出さない」が基本

家の中で特に防災対策を取っておく必要があるのがキッチンです。

キッチン周りにあるもの、電子レンジや炊飯器、お皿やコップなど、震度6クラスの地震の際にはそのすべてが凶器のように飛んできます。その威力は、「キッチンにあるものすべてが真横に飛んできた。飛び出した電子レンジで骨折してしまった」「カップボードのグラスが飛び出して、すべて割れてしまい、停電している中で掃除機が使えず、片づけるのが大変だった」という声があるほど。特にマンションの上階は非常に大きく揺れますので、子どもの命を守るためにも対策が必要です。

まずは、冷蔵庫や背の高い食器棚は転倒防止のつっぱり棒などで固定。電子レンジやトースターなどの家電は耐震用のマットを敷いて揺れで落ちてこないようにしましょう。

背の低いキャビネットや食器棚などは家具安定補助板などを使って前に倒れないようにし、扉ストッパーやガラス飛散防止シートで、食器の飛び出しやガラスが割れて飛び散るのを防ぎます。最近は100均などでもかわいらしいものが販売されていますので、チェックしてみてください。

またキッチンでは、収納の上のほうには軽いもの、下のほうには重いものを入れるのが基本です。万が一、上からモノが落ちてきてもケガをしないようにしましょう。

キッチンでは
電子レンジ
炊飯器、お皿など。
飛び出さない
工夫が必要

食材は消費しながら備える、が基本

食材のストックは、消費しながら備えるローリングストック法が基本。非常食をたくさん買って納戸に置きっぱなしにし、気づかぬうちに賞味期限を切らしてしまうよりも、レトルト食品や缶詰、乾物などを通常から備えて、消費期限前に食べ、食べた分だけ補充して備えるようにしましょう。

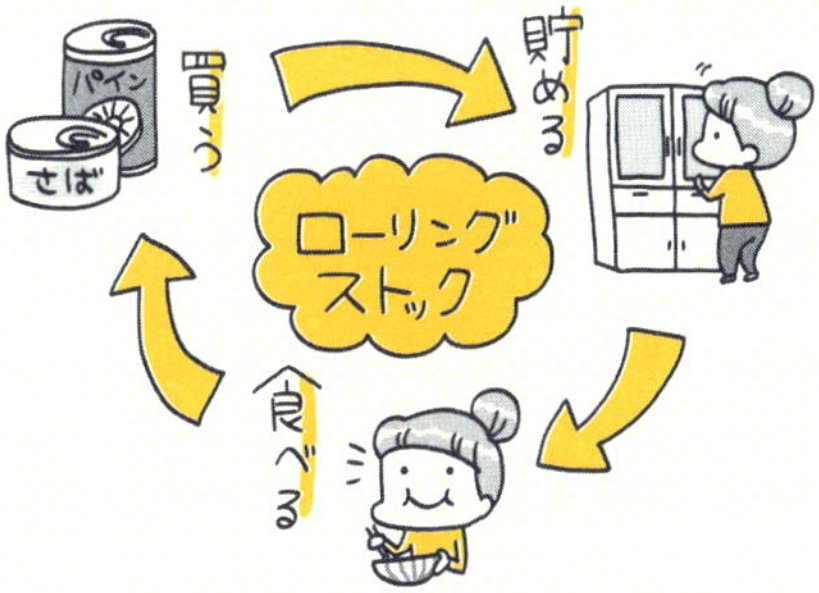

吊り戸棚には軽いモノだけ

軽量のカップラーメンやフリーズドライ食品、乾物などの軽いモノを吊り戸棚にストック。万が一、扉が開いて落ちてきても、ケガをする心配がありません。また、戸棚の上やキッチン周りに調味料や食器、包丁などの調理器具などを出しっぱなしにしないようにしましょう。

カセットコンロや七輪などを備える

災害時には電気やガスが止まることも多いため、カセットコンロは必ず備えておきたいところ。ボンベも1週間分は備えておきましょう。また、七輪やバーベキューセットなどがあれば、子どもも楽しみながら、食材を焼いて食べることができるので便利です。ただし、余震が多い時は、使用を控えましょう。

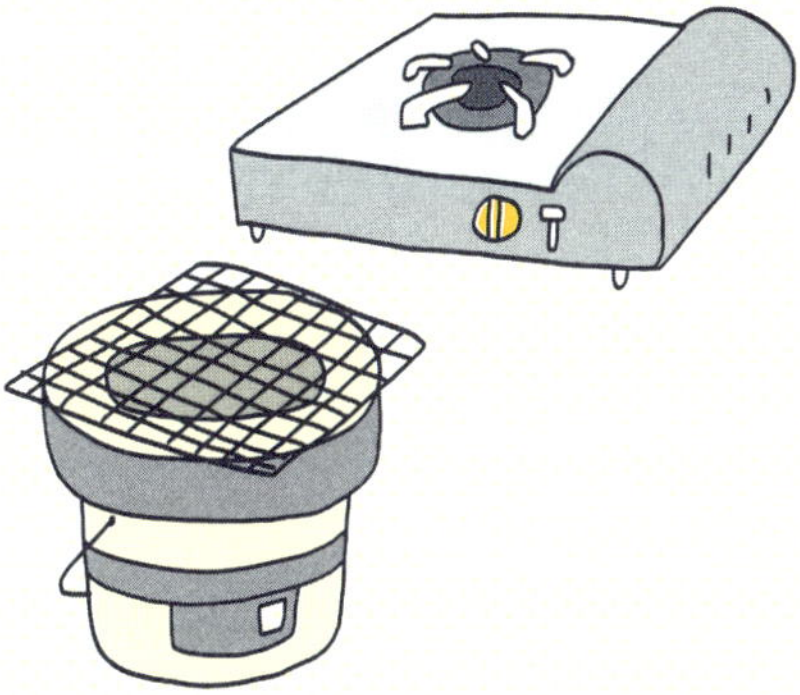

被災体験から学ぶ防災術05

子ども部屋は倒れるモノがないようにする

本棚やデスクなど、子ども部屋には危険がいっぱい。就寝時でも安全な空間に

大人の寝室と違って、子ども部屋にはさまざまな家具やモノが置かれていることが多い場所。地震の際、クローゼットなどの家具は倒れ、デスクは大きく揺れ動き、壁時計や額、棚に置かれたトロフィーなどは、地震の際には凶器になって降ってきます。阪神・淡路大震災では、亡くなった方の実に3／4が圧死でした。

本棚はつっぱり棒などで固定し、飛び出しを防止。デスクやローボードは家具転倒防止シートを使って固定しておくようにしましょう。

また、壁に掛けられているモノはいざというとき落ちてきても大丈夫な場所に設置するか、重たいものはかけないほうが賢明です。

ベッドに寝てみて安全確認をする

就寝時にモノが落ちたり倒れたりしないよう、ベッドに実際寝て安全を確認しましょう。枕元やベッド周りの壁には落ちてきそうなものを置かないようにします。ベッド自体も滑り止めマットなどで固定し、本棚やクローゼットが倒れないようにしましょう。

子どもが自分で身を守れる配置に

子ども部屋は多目的ルームになっているため、モノや家具が多く危険な場所。子どもがひとりでいるときも安全に身を守れるように、家具の配置を考えましょう。ドアの周りには倒れたときに出入りを塞ぐような家具を置かないことも大切です。

被災体験から学ぶ防災術06

無防備になりやすいお風呂は、ケガ防止対策を

「震災のあとすぐに、お風呂にお湯を貯めて生活用水にした」「余震が続く中、しばらくの間モノがない浴室で過ごした」というように、お風呂場は災害時には重要なスペースになります。割れモノなどを置かないようにし、より安全な場所にしておきましょう。残り湯を貯めておくかどうかは、状況によって変わります。マンションの上階は揺れやすいため、溜めたお湯が余震で飛び散り、部屋が水浸しになることも。子どもが幼い場合は事故を防ぐため、浴室の鍵をかけておくなどの対応が必要です。また、配管が壊れている場合は下水管に水は流せません。配管確認が終わるのを待って、使用するようにしましょう。

ガラス窓の飛散対策をし、ラックには割れモノを置かない

ガラス窓や鏡には飛散防止シートを

浴室には割れものを置かない。高いところにラックがある場合は、落ちてきても大丈夫なものを上に、落ちてくると危ないモノや重たいモノは下におくようにしましょう。ガラス窓や鏡には飛散防止シートを貼るなどして、割れないように対策をとります。

被災体験から学ぶ防災術07

トイレは家と外とで備えよう

トイレの備えができているかどうか。それが、避難生活を乗り切るカギ

地震や洪水などの災害が発生したあとは、排水管や道路の下水管が損傷し、使用禁止となることも。非常用のトイレは、自宅と外出用とで十分に備えておく必要があります。段ボールなどで組み立てる簡易トイレや、猫用のシステムトイレを利用するほか、自宅の便器に45ℓのゴミ袋を被せ、汚物を吸収する凝固剤などを入れれば、非常用トイレとして使うことができます。

東日本大震災では「断水が1カ月続いて、その間に生理になり、家族と一緒の非常用トイレを使うのがストレスになった」というママも多く、女性と男性では別々に備えておくほうが賢明です。

和式トイレの練習をしよう

子どもの中には「和式のトイレにうまく跨がれない」という子も少なくありません。避難所などでは和式トイレも多いので、浅めの小さな段ボールなどを和式便器に見立てて、子どもに練習をさせておきましょう。
ダンボールに慣れたら、外出先で、実際に和式トイレにトライしてみましょう。

被災体験から学ぶ防災術08

廊下や玄関、バルコニーの防災

逃げ道の動線上にモノを置かない。玄関付近には非常用持ち出し袋を置いておく

災害後「外出先で被災し、家に帰ったら玄関の棚に置いておいた小物が落ちて割れ、危ないので靴のまま家に入った」「廊下に置いていた本棚が倒れて、外に出るのに時間がかかった」という被災ママパパの声は多く聞かれました。玄関周りにモノを置く場合は、落ちてこないように固定するようにしましょう。また、室内で被災した場合、廊下は避難経路になります。部屋のドアを塞ぐ家具や、壁掛けの絵などは置かないようにし、いざというときスムーズに逃げられるようにしておきましょう。

また、玄関付近に、最低限必要なものをセットした非常用持ち出し袋を置いておきましょう。

バルコニーや廊下はシンプルがベスト

玄関のドアが開かないとき、バルコニーが避難経路になることも。一軒家などでは外に出るためのロープなどを室内に備え、集合住宅の場合は非常口を物置などでふさがないようにしておきましょう。また、植木鉢なども転倒防止シートやロープなどで固定し、倒れないようにしましょう。

被災体験に学ぶ「あれがあってよかったグッズ」

本当に必要なものを揃えよう

「長い断水生活で、トイレの匂いが家族全員の最大のストレスになった（東日本大震災・30歳女性・娘12歳、息子9歳）」「避難所で子どもがインフルエンザになり、半壊の家に戻るしかなかった（東日本大震災・28歳女性・息子2歳）」など、実際の被災者の声から想像してみても、災害発生時や避難生活時に必要なものは、見逃してしまいがち。

そこで、実際に子どもを持つ被災ママパパが「これがあって本当に助かった」というグッズをまとめてみました。住んでいるエリアや子どもの年齢によっても必要なものは変わってきますが、「うちにはこれが必要だ」というグッズも見えてくるはずです。

掃除に役立ったほうきとちりとり

「外出先で地震。家に戻ると、家中に割れた窓ガラスが散乱していた（東日本大震災・28歳女性・娘4歳）」

地震発生後にまずしなくてはならない掃除や片づけ。玄関に小さなホウキとチリトリを置いておくと、外から帰ってきても、掃き掃除をしながら、安全に家の中に入ることができます。

充電式掃除機が大活躍

「スパイスや砂糖の瓶が落ちて割れ、キッチンに散乱しました（熊本地震・27歳女性・息子4カ月）」

災害後に電気が止まってしまっても、充電式の掃除機であれば1回分の掃除をすることができます。中でも紙パック式の軽いタイプがおすすめ。ガラスを吸っても掃除機を傷つけずに済みます。

軍手のおかげで片づけが楽だった

「台風のあと、散乱した木の枝などの片づけに軍手があって助かった（台風・39歳女性・息子5歳、娘2歳）」

被災後の割れたガラスや植木鉢などの片づけ、倒壊・浸水した家具などの運び出しにも役立つ軍手。ケガの防止にもなりますので子ども用も備えましょう。さらにゴム手袋や使い捨ての薄いビニール手袋などがあると便利。

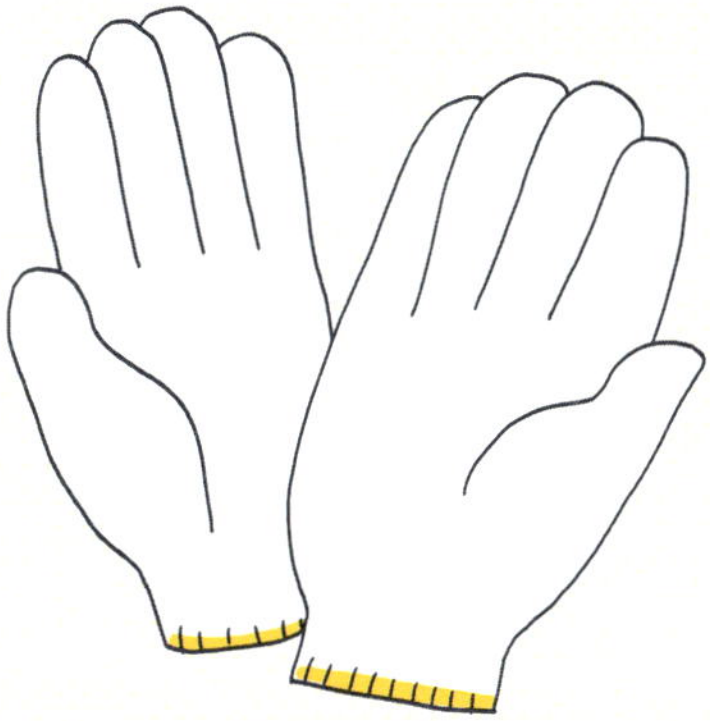

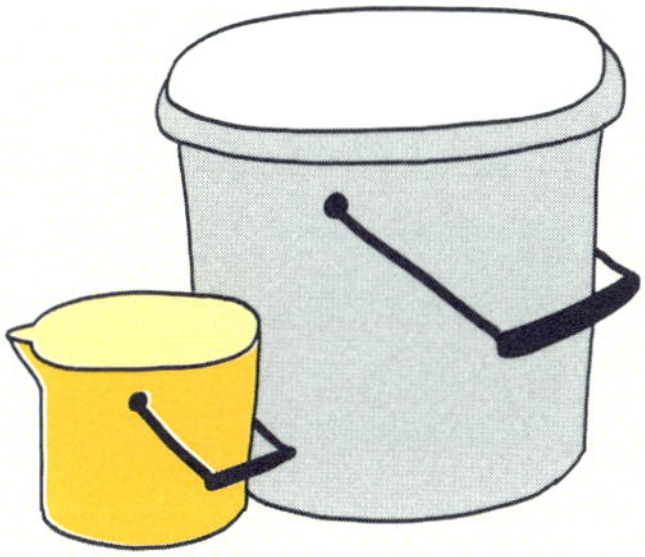

水の確保にバケツを使用

「生活用水が足りなかったので、川に汲みに行った（東日本大震災・31歳女性・娘3歳）」

「節水のため、生活水を再利用。複数のバケツに手や顔を洗った水を貯めて、次に洗濯に使用、最後にトイレに使った（東日本大震災・44歳女性・息子10歳、娘1歳）」

バケツがないという家も、複数のバケツを備えておきたいところです。

LEDライトやキャンドル

「クリスマスの飾りつけのために購入していたLEDライトやキャンドルが大活躍しました（東日本大震災・24歳女性・息子1歳）」

100均などでも気軽に購入できるLEDライトやキャンドルは、停電した家の中で重宝します。また、ガーデニング用のソーラーライトは、夜外を歩く際に使えますし、光るおもちゃもライト代わりになります。

ラジオは電池式か充電式が便利

「ラジオを持っていなかったら、津波にのまれていた（東日本大震災・30歳女性・娘7歳）」

災害後、停電してしまうとテレビでの情報が入らなくなります。実際、東日本大震災では、地震後の片づけをしていた人たちが、停電でテレビがつかなかったために、逃げ遅れて津波の犠牲に。スマホと合わせて、電池式または充電式のラジオは家族の命綱です。

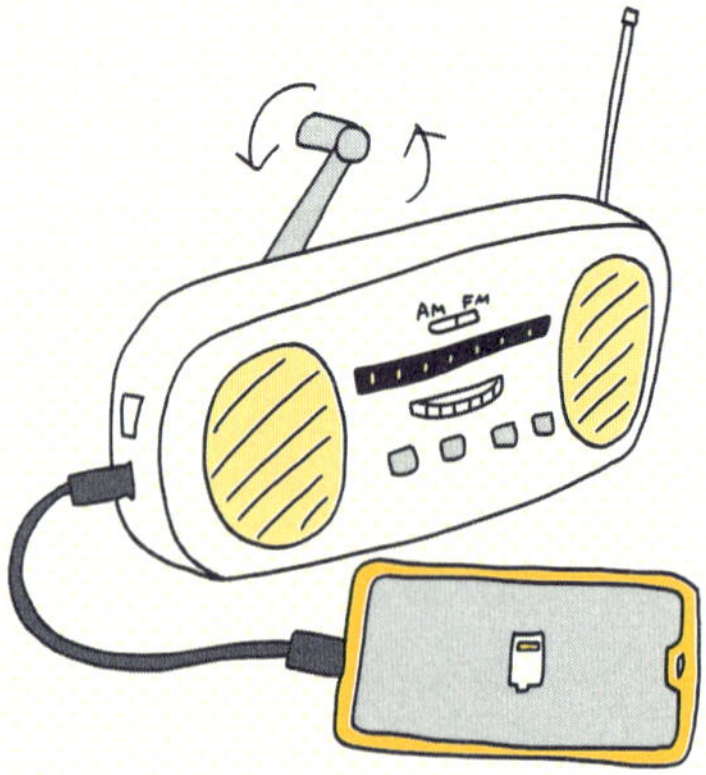

ライトはあればあるほどに便利

「ライトを家族1人につき1本ずつ用意していたので、誰かがトイレに行くときや外出するときも困らずに済んだ（熊本地震・24歳女性・娘3歳、息子8カ月）」

電池式の懐中電灯やLEDライト、手回しライトなど、いくつか用意して、トイレや洗面所、寝室など、定位置を決めておいておくと便利です。

バッテリーは電池式が便利

「北海道がまるごとブラックアウトして、携帯の基地局すらダウン。乾電池50本とバッテリーを家族分、用意していたおかげで、充電に困ることなく安心して過ごせました（北海道胆振東部地震・29歳女性・息子6カ月）」ケータイのバッテリーは、充電式やソーラーも出ていますが、電池式を一通り用意しておくと停電が長引いても安心です。

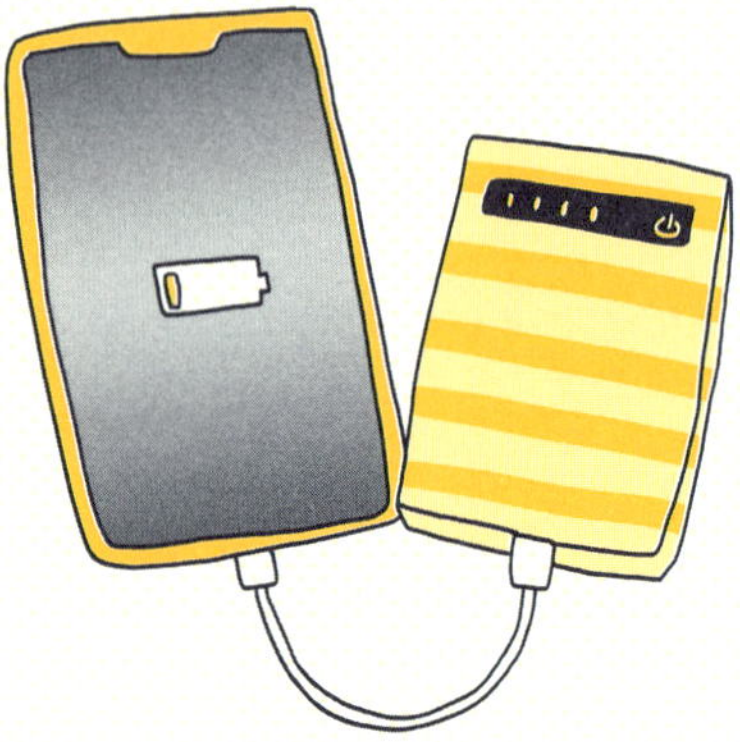

おしりふきとウエットティッシュ

「断水して水が使えない中、おしりふきが思いのほか大活躍しました。赤ちゃんだけでなく、大人も体を拭いて、清潔を保つことができました（大雪・26歳女性・娘2カ月）」

赤ちゃん用のおしりふきはアルコールなどが入っておらず、肌にやさしく、大判で使いやすく、さらに低コスト。大人も子どもも使えるので多めに備蓄しておくと便利です。

真冬の災害に使い捨てカイロ

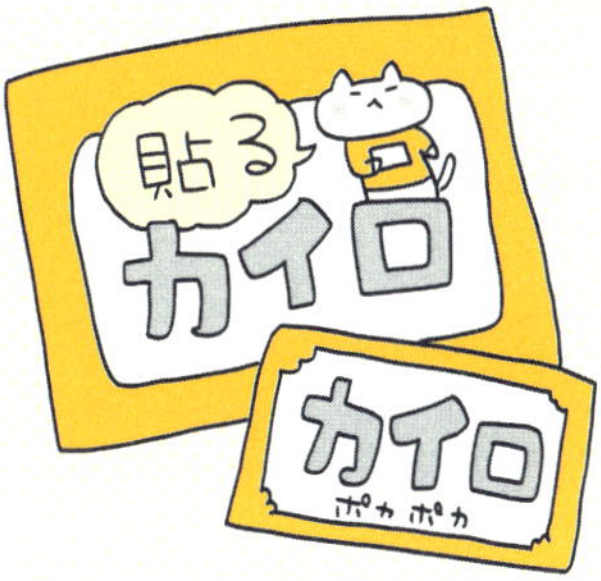

「災害後真冬並みの気温に。停電している中、布団の中にカイロを入れたり、服に貼り付けたりして暖をとりました。たくさん買っておいてよかった（阪神・淡路大震災・40歳女性・娘8歳、息子5歳）」

防寒具を用意しておくことも必要ですが、使い捨てカイロを備蓄しておくと、真冬の災害に役立ちます。

喉の保湿や匂いにはマスクが役立つ

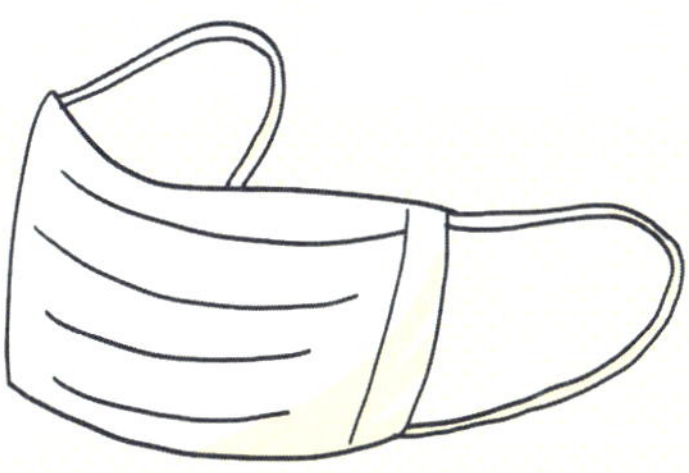

「避難所は独特の生活臭。マスクにアロマオイルを垂らして過ごしました（平成30年7月豪雨・42歳女性・娘12歳）」「避難所にインフルエンザが蔓延。物資の受け取りにはマスクが必須でした（東日本大震災・24歳・妊婦）」

マスクは保温、保湿に役立つだけでなく、粉じんなどを防いで喘そくなどの予防し、ノーメイクの顔もカバーしてくれます。

家族で使える保湿クリーム

「停電で加湿器も使えない冬は乾燥して肌もパリパリに。自分や子どもの保湿のために、ワセリンが役に立ちました（東日本大震災・30歳女性・息子4歳）」

家族全員で使える保湿クリームなどを、備蓄しておきましょう。ワセリンはやけどの傷に塗ったり、アロマオイルと混ぜて使うこともできるので、ひとつ買っておくと便利です。

衛生グッズはひととおり揃える

「髪が洗えず歯も磨けない、という中で、マウスウオッシュや水なしシャンプーが活躍しました（東日本大震災・36歳女性・娘6歳）」

避難生活も数日すぎると、あたりまえのことができないことにストレスを覚えます。特に断水が長引くと不衛生な状態が続くことになるので、衛生グッズはひととおり揃えておきましょう。

非常用トイレと消臭袋は必須

「断水して、トイレ問題は深刻でした。特に汚物の匂いには対策が必要だと思いました（東日本大震災・31歳女性・息子6歳）」

家にセットする非常用トイレは、それぞれの家族構成や子どもの年齢に応じて、使いやすいものを吟味しておきましょう。また、消臭袋は生ゴミなどにも使えるので、多めに買っておくと便利です。

生理用ナプキンは常に多めに

「震災直後、娘が初潮に。ナプキンやジュニア用の生理ショーツを用意していてよかった（東日本大震災・45歳女性・娘12歳）」

ママ用の備蓄も必要ですが、小学校高学年以上の娘のいる家庭ではまだ生理がきていなくても、準備だけはしておきましょう。また、ナプキンだけでなく、携帯用ビデも併せて用意しておくと便利です。

オムツはあればあるほど安心

「震災の前日、たまたまオムツを大量に買っていたので助かった、阪神・淡路大震災・27歳女性・息子3カ月）」

オムツが不足するだけでストレス過多に。代用品を考えるよりも、まずは買い置きを適量用意しておくことが大切です。また霧吹きスプレーがあると、少量の水でも手を洗ったり、お尻を洗ったりすることができるので便利です。

非常用トイレ代わりに猫砂が使える

「猫用のシステムトイレとシート、猫砂は、人にとっても使い勝手がよく、匂いも防いでくれた（東日本大震災・40歳女性・娘10歳）」

猫の排泄物はアンモニア臭が強いため、猫用のトイレの砂やシートには強力な消臭効果が施されています。猫がいなくても、優秀な非常用トイレとして使えるので、一式用意しておくと便利です。

大判のハンカチやふろしき

「おくるみの代わりにしたり、オムツ替えの際に床に敷いたり、授乳の際の目隠しにしたり、大判のハンカチが大活躍（熊本地震・26歳女性・息子1ヵ月）」

ママバッグや防災バッグに1枚入れておくと便利なのが、ふろしきや大判のガーゼハンカチです。防寒に、包帯や三角巾がわりに、目隠しに、と多用途で使えます。

おんぶ紐は1本用意しておく

「おんぶのほうが断然動きやすかった（阪神・淡路大震災・29歳女性・娘5ヵ月）」

避難時に抱っこのほうが安全だと言われることもありますが、避難生活の中では、両手の空く、おんぶ紐が活躍。普段使っているママバッグや車、ベビーカーなどに1本入れておきましょう。

何かと使えるリュックサック

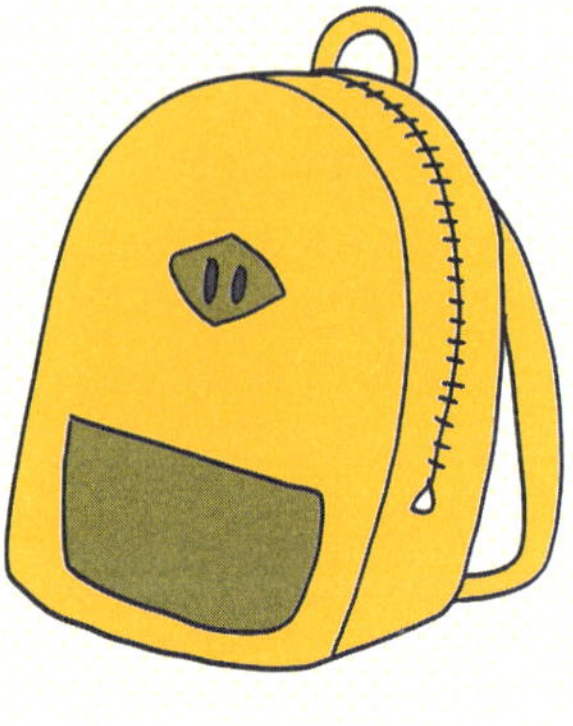

「子を連れて買いだしに行く際、両手がふさがっていると不便。リュックサックが役に立った（東日本大震災・37歳女性・息子7歳）」

非常用持ち出し袋以外にも、リュックサックを持っておくと便利です。給水袋を入れて背負ったり、子連れで物資をもらいに行くときや作業の必要がある場合、両手が自由に使えるほうが動きやすく、安全です。

重いものを運ぶキャリーカート

「給水車から水をもらって家まで運ぶのに、キャリーカートが役に立った（東日本大震災・35歳女性・娘9歳、息子2歳）」

災害時は車が使えない場合も多いので、台車やキャリーカートがあると、重いものを運べて便利です。また、普段自転車を使っている人は、フック付きの紐を用意しておくと、荷台を使って荷物を運びやすくなります。

キッチンバサミとピーラーが活躍

「水道の復旧に1カ月もかかった。水が出ない中での調理には、キッチンバサミが大活躍。除菌ウエットティッシュで拭き取ればいいので便利だった（大雪・42歳女性・息子7歳）」

断水時、まな板と包丁を使うよりも節水できるのがキッチンバサミやピーラー。水を使わずに調理できます。また、お皿にラップを敷けば水を使わずに済みます。

レインコートやポンチョ

「レインコートのおかげで、雨の中でも作業できた（阪神・淡路大震災・43歳男性・息子10歳）」「車の中に置いていたレインコートのおかげで、寒さをしのげた（東日本大震災・38歳女性・娘1歳）」

防水、防寒、目隠し、シート代わりと用途が多いレインコートやポンチョ。子ども用、大人用を揃えておきましょう。

レトルト食品や缶詰を備蓄

「非常食ではないが、普通にレトルト食品や缶詰を備蓄していたのでそれを食べながらしばらく過ごした（東日本大震災・36歳女性・息子8歳、娘6歳）」

わざわざ非常食として長期保存食を揃えなくとも、調理しなくても食べられる、缶詰やレトルト食品は、立派な非常食。ふだんからいろいろ試して、備えておくとよいでしょう。

野菜ジュースでビタミン不足を解消

「ビタミン不足で口内炎に。粉末青汁と野菜ジュースのおかげで少し楽になりました（東日本大震災・29歳女性・息子3歳、2歳）」

東日本大震災のあと、野菜不足が深刻でした。救援物資にも野菜はほとんどふくまれておらず、体調不良や便秘、肌荒れなどを訴えて苦しむ人もいました。野菜ジュースや粉末青汁などを備蓄しておくようにしましょう。

乾物やフリーズドライ食品

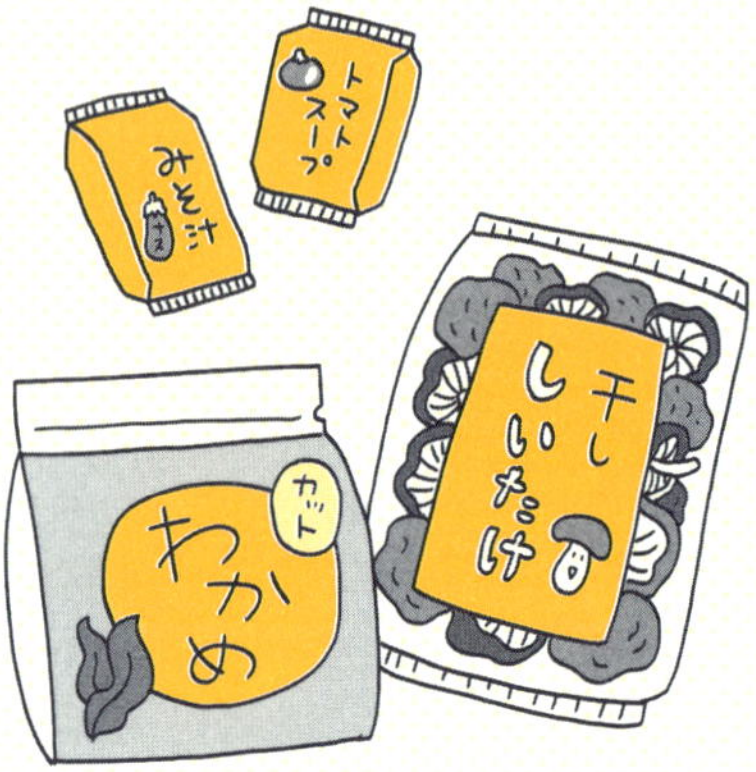

「停電したので、急いで冷蔵庫の中のものを食べた。重宝したのが、乾物だった（東日本大震災・26歳女性・娘3歳、2歳）」

乾物は栄養価が高いだけでなく、食物繊維が豊富なので便秘の防止にも。最近は、さまざまな野菜のフリーズドライ食品なども出ているので、ビタミン不足の解消にお気に入りのものを用意しておくと便利。

チョコやキャンディビスケット

「甘いものを口に入れるとストレスが少し緩和した。子どもたちも喜んで食べていた（東日本大震災・30歳女性・息子4歳、娘2歳）」

ママバッグや普段のバッグの中に、キャンディやお菓子などを入れておきましょう。外出時の災害でご飯が食べられないときに、空腹を紛らわしてくれたり、甘いものでホッとすることができます。

絵本やオセロなどアナログなもの

「震災後の停電で困ったのが、片づけをしている間に子どもにテレビやタブレットを見ていてもらうことができなかったこと（北海道胆振東部地震・36歳女性・息子4歳、2歳）」

災害後、家の中で子どもは時間を持て余します。絵本や本、アナログのゲームなど、電気がなくても楽しめるものを備えておきたいところです。

災害時には絶対に現金が必要

「ふだん、ほとんど現金を持たずに生活していたので、買い物ができなくて困った（大阪北部地震・35歳女性・娘5カ月）」

近年キャッシュレス化が進んでいますが、災害時に停電すると電子マネーもクレジットも使えなくなります。千円札と小銭を合わせて1、2万円分は用意しておきましょう。また10円玉は公衆電話を使う際にも必要です。

スマホに入れておきたいアプリ

災害時に役に立つアプリは、あらかじめ入れておく

スマホは今や災害時に命を守る大切なツール。アプリを入れ充電器を備えておく

「Twitterのおかげで、孤立していることを伝えることができた（大雪・35歳男性・息子4歳）」「ラジオを携帯していなかったが、スマホで聞けたことで津波から逃げることができた（東日本大震災・22歳女性・娘1歳）」

災害時、スマホは命を守るツールになります。

また、熊本地震の際、震源地に近い益城町の空港保育園では、LINEを使った安否確認を行い、不足している物資をSNSで拡散。物資を園に送ってもらい、ママやパパに必要なものを配布する拠点として園を活用しました。友人らとつながっている場合は、SOSを伝える

ことが可能です。災害後の生活を立て直す際も、スマホが役に立ちます。東日本大震災のあと、災害に役立つアプリもたくさん登場し、選ぶのに迷うほど。家族にとって必要なアプリをダウンロードし、実際に使ってみましょう。

その一方で、注意したいのが、災害デマです。むやみに情報を拡散せず、大手メディアや自治体など、安心できる情報かどうか確認しましょう。

また、災害時には停電することも多く、行政が用意する充電拠点には長蛇の列ができます。スマホを使うために必要な充電器は非常時だけでなく、通常から携帯するようにしておきたいところです。

災害情報アプリ

「東京防災」「Yahoo！防災情報」などの防災アプリや、防災速報アプリ、「NHKニュース防災」などのアプリを入れておくと、災害時の情報を得やすく、災害時の備えについて役立ちます。また防災速報があれば、早めの避難も可能です。

ラジオアプリ

ラジオを持ち歩けない場合でも、「NHKラジオ　らじるらじる」や「radiko.jp」など、スマホでラジオが聴けるアプリをダウンロードしておくと便利です。月額制の有料のもの、無料のものなどがありますので、事前に調べておきましょう。

避難所がわかるアプリ

現在地や自宅、郵便番号、GPSからも近い場所にある避難所を検索できるアプリです。圏外やオフラインでも避難所を調べることができるので、あらかじめ入れておきましょう。実際に使って避難所の場所を確認してみましょう。

位置情報を発信するアプリ

建物に閉じ込められたり、下敷きになったりした場合など、通信が困難な状況に陥った際に、あらかじめ登録した相手に場所を通知することができます。災害伝言板などを備えたアプリも出ているので、使えるようにしておきましょう。

スマホの機能を活用する

iPhoneには「緊急SOS」機能があり、パスワードなしで警察や消防に連絡ができます。さらに、電話が終わると同時に指定連絡先に、iPhoneのある位置を知らせ、位置が変わるとその都度最新の位置情報を送信してくれます。

SNSアプリ

普段使っているSNSは、災害時に安否確認ができる大切なツールであり、ラジオと合わせて大切な情報源になります。ただし、情報の真偽はその都度確認するようにしましょう。また、応急手当のやり方を教えてくれるアプリを入れておくと便利です。

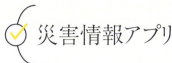

COLUMN02

女性と子どもの防災

災害時には犯罪も増加
身を守るための手段を
きちんと整えておく

東日本大震災では、知らない人同士が助け合って乗り越えたという話もたくさんありましたが、一方で「震災のあと、宅配便を装った男性によって強姦事件が発生した」「子どもに声をかけて、連れていこうとする人がいた」「自転車やガソリンが路上で盗まれた」など、犯罪につながりそうなことが起きたと聞きました。

災害時は、心の不安やストレスが大きくなり、通常時の3倍の暴力や犯罪が起きると言われます。

被災女性に向けたホットラインを開設した団体では、東日本大震災後に寄せられた暴力や強姦などの相談件数は2カ月で約600件にも及んだそうです。

停電中は街中も、自宅の周りも真っ暗になります。できるだけ夜は自宅から出なくて済むように、用事は昼間済ませておきましょう。昼間でも、突然の訪問には注意が必要です。

また、避難所に設置されているトイレは人目につかない場所にあるため、女性や子どもは、必ず誰かと一緒に行くなど、対策を取るようにし、夜はなるべく外に出ないようにしましょう。

3

オーダーメイドで
考える防災

本当に必要な防災を考える01

代替品ではなく必要なものを備える

子連れは
自宅が無事なら
自宅避難を!!
必要なものを
必要な量だけ
備えておくことが、
何よりも大切

防災士・イラストレーター
アベナオミ

私は東日本大震災の際、宮城県の車の中で被災しました。幸い、家族も自宅も無事でしたが、ライフラインはすべてストップし、ガソリンもなく、水が出るまでの約1カ月は本当に大変な思いをしました。

その後、しばらくの間、防災中毒になり、ストレスとトラウマで必要以上に食材を買い込み、アウトドア用のポータブルソーラーパネルを購入したり、バーベキューセットを備えたりしました。外出時のバッグもリュックに変え、中身も、ラジオやライト、水などがぎっしりで、非常用持ち出しバッグのような状態に。スニーカーで外出し、おしゃれもあまりしなくなっていきました。

そうしているうちに、備えた食材はどんどん賞味期限が切れて使えなくなり、防災用品で納戸はパンパンで点検することもできず、何よりも、防災対策のためのグッズがダサくてインテリアを邪魔するので、嫌気が差してしまいました。

防災で大切なのは、続けていくこと。それには、気軽で楽しくできて、嬉しくなるものでなければならないと気づきました。

防災関連の書籍を執筆し、取材を進めていく中で、モノを適切に持つミニマムな暮らしや、片づけておくこと、非常食ではなく普段食べるモノを多め

に備えて消費しながら備える、という気持ちのよい暮らしこそ、防災力アップにつながることを実感し、今は日常の中でできることを防災に取り入れるようにしています。

私の体感ですが、多くのママやパパが津波で家を流された設定で難易度の高い防災に取り組もうとしますが、地震だけであれば自宅の耐震と家具などの転倒防止などがしっかりしていれば、命を落とすことは稀です。また、子連れ家庭は避難所に行っても、子どもがぐずったり、空腹を我慢できなかったり、食物アレルギーの問題もあるので、自宅避難の方が安心です。

近年、防災本やサバイバル本などで「いざというときに生き残る方法」として、代替品のつくりかたの紹介が多くされていますが、これについては、いざというときに必要なモノを、必要な量、備えておくだけで解決することがほとんどです。

たとえば、簡易オムツをレジ袋でつくる方法。もちろん知っておくといざというとき役立つかもしれませんが、やってみると漏れるし蒸れるし大変です。それよりも、オムツを１カ月分備えておくほうが便利ですし、ツナ缶で代用した魚臭いキャンドルを使うよりもＬＥＤキャンドルや普通のキャンドルを備えておくほうが楽。もちろん、家が倒壊したり、洪水や土砂、津波で流されたりする可能性がある時は、避難所への避難が最優先。事前に準備しておくだけで、安心感は圧倒的にあがります。ぜひ、自宅で安心して暮らせるよう、備えておいてくださいね。

安心して暮らす。そのために必要な「モノ」を考える

わが家にとっての防災マストグッズとは？

東日本大震災のあと、被災したママやパパの声を集め、子どものいる家庭にとって本当に必要な防災講座を開発してきました。たくさんの声を聞いてきて思うのが、幼い子どもを持つ保護者にはある傾向があるということです。

それは、子どもの心配をするあまり、防災本やネットの情報に翻弄されて、どうしたらよいのかわからなくなってしまうこと。これは、育児書や育児にまつわるさまざまな情報に振り回されてしまうのと似ています。本や防災セットに頼っても、結局は、1つひとつの家族に合わせて備えない限り、いざというときに困ることになるのです。

防災に完璧はない。ただし、わが家にとって必要な防災は、見極められる

だからこそ、本書で何度もお伝えしているのは「体験談をもとに、自分の家族に合った防災をしましょう」ということなのです。

ではどうやったら「わが家に必要な防災」を見極めればいいのか、というと、キーワードは「普段の生活」の中にあります。普段の生活の中で「すべての家族には必要ないけれど、うちの子や夫、私には必要」というもの。それはアレルギーなど普段から必要な薬であったり、子どもがいつも一緒に寝ているぬいぐるみであったり……緊急性があるものもないものも、「これがないと困る」というものは、子連れ家庭ならではの必須アイテムになるのです。

安心して暮らす。そのために必要な「想像する防災」

わが家の状況をもう一度考えてみよう

職業や持病、住んでいる場所。そのすべてがわが家ならではの防災につながる

子連れ防災を考える際、今住んでいる場所やママとパパの職場や職業、子どもの性別や年齢、持病、要介護者の有無など、家族をとりまくすべてのことが重要なポイントとなります。

福島に住む東日本大震災の被災ママの中には、「夫が警察官だったので、すぐに現場の対応に向かい、会えたのは1カ月後だった」という人や「津波で避難所への避難を余儀なくされ、夫の安否がわからずに子どもとふたりで不安な夜を過ごした。夫と会えたのは3日後」という人もいました。

ママやパパの仕事が医師や看護師、消防士、警察官というような、災害時に現場に出て救助に当たらなくてはならない場合は、家族はそれによってどういう風に被災後の生活を乗り切るのかを、あらかじめ夫婦やサポートをしてくれる人たちとしっかり話しておく必要があります。

認知症で介護中の家族がいる
パパは消防士 ママは看護師…
糖尿病でインスリン注射が必要
めずらしいペットがいる
透析している

また、ママとパパの職場が自宅から遠い場合は、災害時に帰宅できるのかどうか、帰宅できないのであれば、帰宅できる側はどう対応するのか、帰宅できない側は職場への備えも必要になります。災害が起きる時間帯、災害の種類、場所などによって、それぞれの備えが必要になります。

まずは、今の生活の中で「今地震がきたら、うちはどうなる?」と、家族一緒に考えてみることが大切。そうすることによって、必要な備えは自然と見えてきます。

子どもの年齢に合わせた備え

子どもの成長は早いもの。一度備えた防災グッズも、成長に合わせて随時見直して、入れ替える必要があります。
特に靴は支援物資としては届きにくく、サイズの合わないものをとりあえず履くとケガの元になるため、小さくなったときに入れ替えるようにしましょう。

都心に住む人は携行品を見直す

「スマホの電源が切れてしまい、途方に暮れてしまった（東日本大震災・27歳女性・息子5歳）」

地下鉄やビルの中での被災を想定し、水やモバイルバッテリーなどは、常時携行するようにしましょう。また、都心に通勤している人は帰宅難民になる可能性を考えて備えましょう。

郊外居住者はガソリンを満タンに

「近所のコンビニには食料品がなく、遠方に行こうにもガソリンが足りず、自転車での買い出しが大変だった（熊本地震・36歳女性・娘8歳、2歳）」

郊外に住んでいる人は、いざというとき車が防災拠点になります。ガソリンは残り半分になったら必ず満タンにしておきましょう。

一戸建て居住か マンション居住か

「タワーマンションでしばらくエレベーターが使えずに、水や食料を階段で運ぶのがとても大変だった（東日本大震災・45歳女性・娘10歳）」「一軒家で、川の氾濫による浸水が心配だったので、近所のママ友のマンションに避難した（平成30年7月豪雨・37歳女性・息子2歳、娘1歳）」居住形態によっても、必要な備えや避難方法を検討する必要があります。

高齢の家族をどう避難させるか

「要介護の父がいたため、避難所への避難は難しく半倒壊した自宅で過ごした（東日本大震災・26歳女性・娘1歳）」

高齢者がいる場合も、避難方法についてあらかじめ検討しておきましょう。また、メガネや常備薬、お薬手帳、入れ歯、入れ歯の洗浄剤、オムツなど、多めにストックして避難生活に備えましょう。

子どもの着替えはこまめに入れ替え

「以前、非常用持ち出し袋を用意していて、地震の際に持ち出したら、子どもの服が小さくなっていて着れず、大人の服を着せていた（阪神・淡路大震災・34歳女性・娘4歳）」

子どもの成長は早いので、防災バッグに入れる服や靴などは、半年に1度は入れ替えるようにしましょう。

コンタクトの人も メガネは必須

「就寝中の地震。災害でとりあえず外に出たが、メガネがなくて困った（東日本大震災・32歳女性・娘3歳）」

普段コンタクトレンズを装着している人も、災害時はメガネが便利。非常用持ち出し袋に入れておくようにしましょう。また、都心で働いていて帰宅困難になる可能性がある人も、オフィスにメガネを1つ置いておくようにしましょう。

おしりふきは 十分な量を用意

「断水しているときに、おしりふきが大活躍。汚れや食器を拭いたりできて便利だった（東日本大震災・30歳女性・息子6ヵ月）」

災害時は断水することが多く、ウエットティッシュやおしりふきを多めに備蓄しておくと便利。長期備蓄しておくと乾燥することもあるので、使いながら買い足しましょう。

アロマオイルを 数本用意しておく

「お風呂に長らく入れない中、ウエットティッシュにアロマオイルを少量垂らして体をふくと体臭も気にならなくなり、気分がすっきりした（東日本大震災・31歳女性・娘2歳）」

匂いによるストレスを緩和してくれるアロマオイル。口にしても大丈夫なものもあり、抗菌作用のあるティーツリーなどは、うがいや手洗い用の水に数滴垂らして使用すれば、感染症の予防に。

携帯トイレは使えるものを

「携帯用のトイレを備えていたが、女の子は使いづらい形だったので漏れてしまった（東日本大震災・31歳女性・娘5歳）」

携帯トイレはさまざまなタイプのものがありますが、実際に使えるかどうかを事前に試してから備えましょう。また、大人が使う場合は、レインポンチョなど目隠しになるものを一緒に備えておく必要があります。

水運びは重労働 背負えるものを

「ウォーターバッグを備えていたが、実際に給水所で水をもらっても、重すぎて運べなかった（東日本大震災・27歳女性・娘3歳）」

セットになった非常用持ち出し袋などにも備えられているウォーターバッグ。100均などでも気軽に購入できますが、大切なのは実際に運べるかどうか。女性なら、背負えるタイプのものがベスト。

季節に合わせた衣類の準備を

子どもの場合、季節や年ごとに衣服の入れ替えが必要です。夏は汗をかきやすく、それなりの量の衣類が必要になります。冬の衣類はかさばるので、下着類など汚れるものをメインに備え、防寒グッズは別に備えるなど、季節によって工夫するようにしましょう。下着は、吸水性・速乾性に優れた、薄手の綿素材がおすすめです。

オーダーメイド防災　避難バッグの考え方／授乳中

赤ちゃん連れは、ママバッグの延長で備える

防災バッグというと、「非常用持ち出し袋」「一次避難バッグ」「二次避難バッグ」と、細かく備えなくてはと思いがちですが、幼い子どものいる家庭では自宅避難が基本。自宅の数カ所に備蓄を十分にしておくことのほうが大切です。そのうえで、非常用持ち出し袋を、玄関に備えておくようにしましょう。

また、赤ちゃんのいる家庭ではママバッグがそのまま非常用持ち出し袋になります。いつものママバッグの中身を確認し、非常時に必要なアイテムを追加してみましょう。使ったものはすぐに補充し、外出先での被災にも慌てないように準備しておくようにしましょう。

赤ちゃんの備えは普段の延長。ママバッグにプラスαで、上手に備える

ママバッグの中身を確認

- □おむつポーチ
- □授乳用ケープ
- □着替えセット
- □スタイ、タオル、ガーゼ
- □ウエットティッシュ
- □ビニール袋
- □母子手帳と健康保険証
- □ブランケット

プラスαの考え方

ふだん使っているバッグ以外に、必要であればミルクセットを用意。災害時は哺乳瓶が消毒できない場合もあるので、紙コップやスプーンでの授乳方法なども知っておくとよいでしょう。

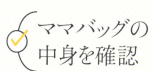

授乳セットを防災仕様に

ふだん母乳育児をしている人も、ミルクを飲ませている人も、哺乳がいつもどおりにできるようにし、必要に合わせてミルクセットを用意しましょう。

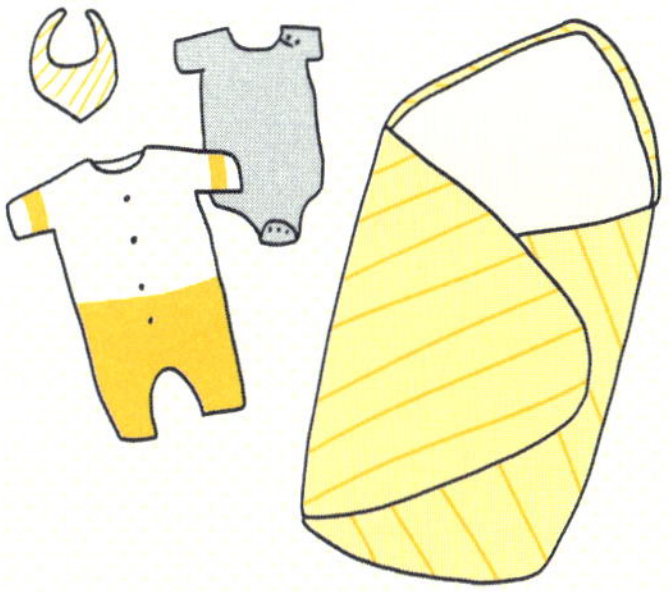

おくるみや着替えなど

夏は特に着替えを多めにし、おくるみや大判のスカーフなどを入れておくとよいでしょう。いざというときのために、おんぶ紐も1本、追加しておきたいところです。

水や離乳食クッキーなど

赤ちゃんは、非常時であっても空腹を我慢することが難しいので、離乳食がはじまっている場合は、離乳食やジュースなどを少し多めに備えましょう。

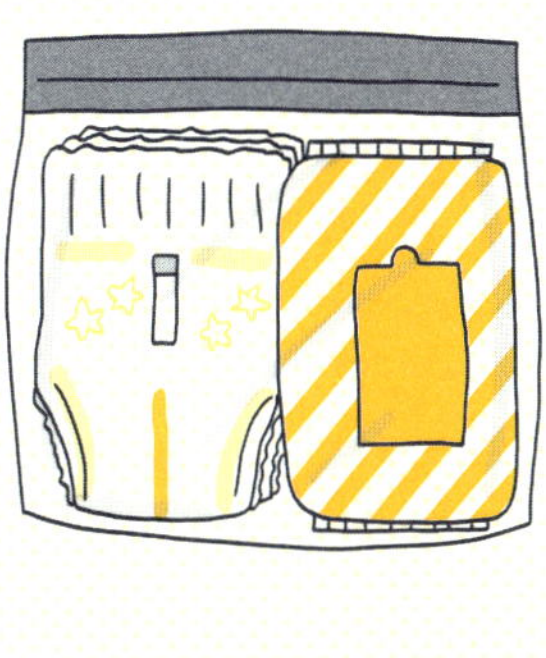

オムツやウエットティッシュ

オムツやウエットティッシュは、避難所で十分に支給されません。自宅への備蓄は1カ月分多めにし、ママバッグの中にも、多めに備えておくと安心です。

オーダーメイド防災　避難バッグの考え方／育児中

子連れは、旅行バッグの延長で備える

非常用持ち出し袋は家族旅行の延長線上。持ち歩ける重さで考える

子連れは自宅避難が基本。とはいえ、洪水や津波の被害などで自宅から避難しなくてはならないことを考えて、最低限の非常用持ち出し袋は備えておくようにしましょう。

子どものいる家庭では、市販のセットではなく、家族旅行に出かけるイメージで揃えます。

バッグ自体は、子どもを抱っこして避難することを考えてリュックサックがベスト。これまでの旅行で必要だったものを思い出しながら、荷造りをしてみましょう。

荷造りが終わったら、非常時だからこそ必要なグッズを検討します。夏であれば暑さ対策、冬であれば防寒対策を忘れずに。

バッグができあがったら、実際に子どもを抱っこした状態で背負ってみてください。実際に避難所までその状態で歩けるかどうか確認してみるのがベストです。

防災講座に来られるママパパの中から「1日に大人2リットルの水が必要だと書いてあったので、非常用持ち出し袋にも2本入れました」という声を聞くことがありますが、実際に4リットルの水と荷物、そして子どもを抱えて避難するのは、男性でもかなり重労働です。

一般的に必要だと言われる防災リストに捕らわれず、ふだんから、わが子が必要としているモノを持ち歩ける量を備えておきましょう。

旅行バッグに プラスαするアイテム

□タオル	□雨具
□ヘッドライト	□ポリ袋
□クッキーなどの食料	□トランプやおもちゃ
□スリッパ	□小さくたためるダウンジャケット
□敷マット	□冷却ジェル
□水	□使い捨てカイロ　など
□携帯用トイレ	

なるべくひとりにひとつのバッグを準備しましょう。
まずはひとつめのバッグからトライ!

オーダーメイド防災　避難バッグの考え方／妊娠中

妊婦は、入院グッズも備える

妊婦の場合は前期はつわり対策、後期は入院グッズ。週数に合わせて備える

「出産準備で実家に帰省しているときに被災。つわりがひどかったので、非常食が食べられず、栄養失調になりかけた（熊本地震・24歳妊婦）」

「臨月で外出中に被災。津波が迫っていたのでそのまま避難所に避難したが、いつ生まれてもおかしくない状況で、何の準備もできておらず、病院が無事なのかもわからず、『今生まれたらどうしよう』と心配になった（東日本大震災・38歳妊婦・息子2歳）」

「妊娠中に被災。逃げる時、津波の水に腰まで浸かってしまったがお風呂に入れず、そのあと膀胱炎になってしまった。不衛生な状況が続き、赤ちゃんに支障がでないか心配だった（東日本大震災・34歳妊婦）」

妊婦さんの場合、災害後の避難にも時間がかかり、その後の避難生活でも、体調にも気を配らなくてはなりません。また、災害後は、かかりつけ医師に診察してもらえるとは限りません。そのことを念頭に入れたうえで、いざというときのための避難バッグを用意しておくとともに、普段持ち歩くバッグの中にも、週数に合わせて必要なモノを備えましょう。

特に、母子手帳は、近所に出かける際にも携帯するようにし、紛失しないようにしましょう。妊娠後期の人は、新生児用のオムツや肌着、ほ乳瓶、入院に必要なものは早めに備えるようにしましょう。

赤ちゃん用品も万全に備える

妊娠中や出産後に必要なものは避難所などでは手に入りづらいため、多めの備蓄を心がけましょう。

妊娠後期の人の場合は、季節を問わず身体を冷やさないためのグッズや衛生グッズを必ず揃えておきましょう。

母子手帳を忘れずに携帯しましょう。

分娩に備えておく

出産までに時間があるとしても、災害時は何があるかわかりません。マタニティパジャマ、産じょくショーツ、授乳用ブラジャー、母乳パッド、お産用パッドなど、入院に必要と言われているものについては一通り、揃えておくようにしましょう。

オーダーメイド防災　防災にも時代性がある

古い情報にとらわれずに備える

防災のイメージに固執せず、必要性に合わせて、無理のない備えをすすめよう

被災されたママやパパへの取材中「カンパンを備えていたのですが、パサパサしていて子どもの口に合わず、まったく食べてくれなかった」という声を聞きました。

「防災」と聞いたときに、カンパン、長時間保存パン、アルファ米など、なんとなくイメージする備蓄品があると思いますが、レトルト食品などもさまざまな種類が出ていて、非常食ほどではなくても、長期保存できます。

災害が増えている昨今、非常食の開発もかなり進んでいて、おいしく食べられるものやグッズもたくさん出ているので、わざわざおいしくないもの、使いづらいものを選ばずとも、快適に過ごすための備蓄ができるようになってきています。市販の防災セットも、古くからあるものを踏襲した内容が多く、オーダーメイド仕様には程遠いものも。また、「実際に携帯トイレを使おうと思ったら、目隠しが必要だということに気づいた」「ミルクがなくて米のとぎ汁を飲ませてみたが、まったく飲んでくれなかった」という声も。

防災グッズも備蓄も、古い知識にとらわれずにしっかり情報を更新し、子どもの年齢に合わせてどんどん更新していくのがベストです。また、続けていくためには、わざわざ備えるのではなく育児を便利にするモノを探す感覚で、日常生活の延長として取り組むことも大切です。

使える便利なグッズを備える

既存の防災の概念にとらわれずに、今ある便利なグッズや食べ物をチョイス。食べて、使って、我が家ならではの備えを完成させましょう。「我が家ならではの備え」が想像しづらいという人は、本書で被災者の体験談をチェックし「自分だったらコレが必要かも」というものを備えてみましょう。

レトルトや缶詰は便利でおいしい

非常食とはいえ、食べるのは自分やわが子です。おいしくないものを備える必要はありません。日ごろから、自分や子どもの口に合うものを探してみてください。また、レトルト食品の中にもアレルギー対応のものや無農薬、有機栽培のものもあります。好みに合わせて試してみましょう。

粉ものや乾物は備蓄に最適

料理ができる環境であれば、小麦粉やホットケーキなどの粉もの、フリーズドライの野菜、高野豆腐などの乾物が活躍します。特に、災害後は食材が手に入らず、野菜不足になりやすいのですが、フリーズドライの食材や乾物は栄養価も高く、ビタミンや食物繊維不足を補ってくれます。

オーダーメイド防災　調べておくと安心

自宅について考えておくべきこと

地盤の強さや災害に強い地形かどうかを確認し、対策を練る

今住んでいる家やマンションの安全性を高めるとともに、一軒家やマンションの購入を検討している人は、事前にチェックしておくポイントがいくつかあります。

まず、購入を検討している土地の地盤が強いかどうか、災害に強いかどうか。これらは、自治体のサイトで確認できるハザードマップや、古い地形図で確認できます。

また、家の設備や間取りについても、災害時のことを考えて「ガスにするのか、IHにするのか」「いざというときに避難経路が確保できる間取りになっているか」「エレベーターが止まっても逃げられるか」など、安心して暮らすための検討が必要です。

間取りを熟考しよう

今住んでいる住居の部屋と部屋の動線や、避難経路について、改めて確認しておきましょう。また、これから注文住宅を建てる人は地盤の確認だけでなく、災害に強い間取りについて考えてみましょう。マンション購入の人も、いざというときどう逃げるのか、考えた上で購入を検討しましょう。

その土地は盛土？それとも切土？

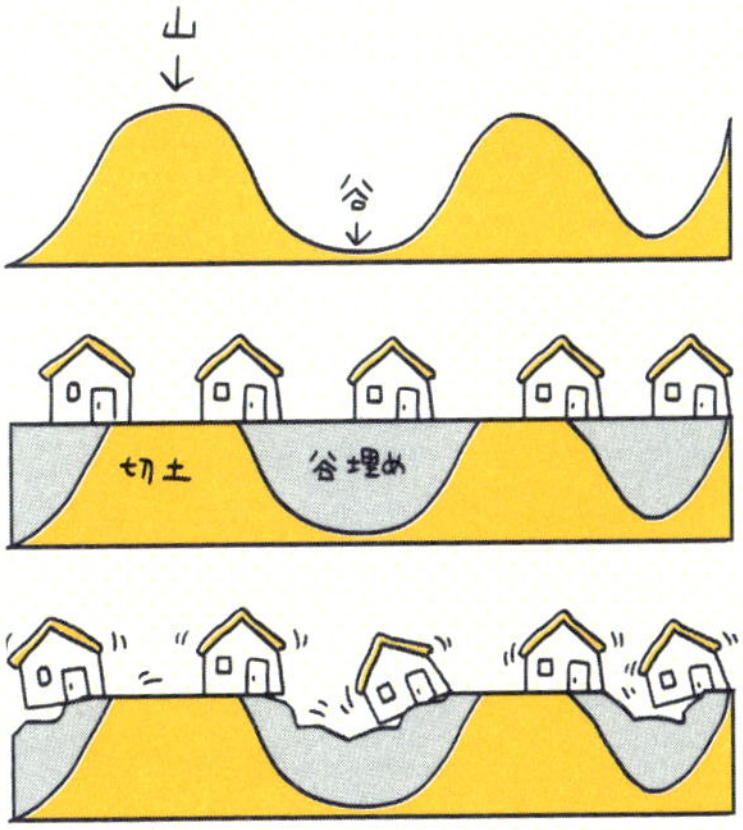

丘陵地を造成するとき、斜面を削ってから、窪んだ場所には土を盛るため、削った土地（切土）と埋めた土地（盛土）の地盤強度に差が生じます。土地を購入する際は、現在の国土地理院の地形図と図書館で手に入る旧陸軍参謀本部の測量地図などの古い地図を比較してチェックしましょう。

コンロはIHかそれともガスか

これまで、災害があっても電気は比較的早くに復旧するという印象がありました。しかし北海道胆振東部地震の際は大規模なブラックアウトが発生し、2日間、街は暗闇に包まれました。直火のガスか、IHか、日常生活の上での安全性を考えて選択し、プラスαでカセットコンロやIHヒーターなどを備えましょう。

居住地は災害に強いか

住んでいる土地の地盤が強く、耐震や免震にすぐれた建物に住んでいても、海抜が低かったり、川や山の近くに家があったりする場合は、早めの避難を検討しておく必要があります。自治体でもらえるハザードマップで、津波や浸水、土砂崩れ、液状化などの可能性について確認しておくようにしましょう。

本当に必要な防災を考える02

子連れ防災は、楽しみながらが基本

防災の秘訣は「やらなきゃ」としかたなくではなく子どもと一緒に楽しみながら手をつける

特定非営利活動法人ママプラグ
理事・アクティブ防災事業副代表
防災士
宮丸みゆき

災害への意識が急激に高まる中、多くのママやパパが「防災、やらなきゃいけないから来ました」と、不安げな表情で防災講座に来られます。

ママプラグは「防災ゼロをゼロにする」ということを目標に活動していますが、それは言い換えれば、完全な防災を目指すのではないということ。「いったいどれだけ頑張れば、子どもの命を守れるのかわからず、防災に取り組めば取り組むほど不安になります」という不安の声もありますが、防災も育児の一環。すべての備えを一気に完璧にやろうとすると、プレッシャーもお金も時間もかかり、どれだけやっても完璧には届かずに苦しくなります。

でも、講座にいらっしゃるママやパパのお話を伺っていると、できていることは確実にあるのです。そこに目を向けること。今できていることを見直してみることが大切です。

たとえば「いざというときのためにレトルト食品を備蓄しているというだけでも立派な防災ですよ」とお伝えするだけで、ママやパパの顔がパッと明るくなります。「今日はまず、100均で買える防災グッズを見て帰ります」とイキイキして帰られる姿を見るととても安心します。

私自身、突然防災力をアップできたわけでなく、一歩一歩少しずつ積み重ねてきました。元々防災意識は高くなかったのですが、子どもが生まれたの

をきっかけに少しずつ備えるようになりました。

子どもがそれぞれ5歳、2歳、1歳の時に3・11が発生。自宅の同じ部屋にいた上の2人は自分の手で守ることができたのですが、別室で寝ていた末っ子の元に行くことができず、激しい揺れが収まってからやっと這いながらたどり着きました。幸い落ちてくるものもなく、末っ子は無事でしたが、同じ家にいてもすぐに助けに行けなかったことに愕然としました。ここで改めて「防災をしっかりしなくては」と目が覚めたのです。

とはいえ、頑張る防災は続きませんでした。ママプラグに出会い、防災への意識はガラリと変わりました。防災は「ストイックに頑張るもの」ではなく「家族で楽しみながらやっていくこと」だと気づいたのです。

今、新米ママパパの中には、大きな地震をまだ経験していないため「自覚がない」「実際に地震が起きたらどうなるのかイメージしづらい」という人も多いのですが、それは当然のこと。本書で、先輩ママパパの体験談を読みながら、ぜひ遊びを通じて楽しく防災に取り組んでみてください。

まずは、今すぐできることからはじめてみることが大切です。ご飯のときに、電気を消してランタンやキャンドルの明かりで食べてみたり、家族揃ってリビングで寝袋で寝てみたり、レトルト食品を食べ比べしたり、地震がきたときに身を守るポーズを一緒にやってみたり……できることはたくさんあります。

重要なのは、無理をしないこと、そして、家族で楽しむこと。ぜひ意識してみてくださいね。

本当に必要な防災を考える03

「防災スイッチ」をオンにして自分で選択する

防災も育児も
オーダーメイド。
人と違っていい。
自分らしく
自分や家族に
必要なものは何かを
考えて動く

特定非営利活動法人ママプラグ
理事・ファシリテーター育成コーチ
小暮裕美子

防災は、ほんの少しの気づきがあれば前進するものです。

たとえば、コンビニの入口には「災害時帰宅支援ステーション」の黄色いシールが貼ってあるのですが、これは、災害時にコンビニは帰宅困難者や市民のためにトイレや休憩場所情報を提供する防災拠点であるという印。目につく場所に貼ってあるのですが、何も意識していないときはまったく目に入らずとも、自分の中の「防災スイッチ」をオンにするだけで、情報が入ってくるようになり、必要なものが見えてきます。

近年は災害が続いているため「何かしなきゃ」と思っているパパママの中にも、水や食料については「緊急時は自治体が何とかしてくれるから、大丈夫だろう」「とりあえず避難所に行けばなんとかなるよね」と思っている人が多いのですが、実は、自治体の防災倉庫には十分な備えはありません。だからこそ、自分で備える必要があるのです。

ではどうして受け身になりがちなのか、というと、恐怖心を煽るもの、身の危険を感じることについては、自分でとことん考えて選ぶよりも、どうしても受け身になりやすいのが人の心理だからです。

そこで、ママやパパにお伝えしたいのは「防災の目的は防災ではない」ということ。目指すのは「安心して家族で笑って過ごせる毎日」であって、恐怖に駆られて、行政任せにしたり、運に任せることではありません。

大切なのは、オーダーメイド防災の実現です。セットされた市販の防災バッグを買って「とりあえず防災はOK」と安心することではなく「自分や自分の家族にとって、いざというときに必要なもの、大切なものは何か」をしっかり考えてみることです。

それは、他の人や他の家と違っていてもかまいません。

まずは、自分の家族が無事に生き残り、ライフラインが復旧するまでの間の生活を安心して過ごせる状態を個人ごと、家族ごとにつくることなのです。

この「自助」の実現には大きな意味があります。それは、自分の力で生き残れる家族が増えれば、救助の手が他に回ることができます。生き残る家族が増えれば、他の人に手を差し伸べることができます。「共助」の輪は「自助」ができてこそ、成り立つのです。さらにその先に「公助」があります。

ママプラグでは「THE 防災リスト」というものを渡さないようにしています。代わりに「わが家のオリジナルリスト」を作成してもらいます。「うちは隣と違っていてもいい」という感覚が大切だからです。家によって、本当に必要なものは変わります。家族構成やペットの有無、好みや習慣によって「十家族十色」なのです。まずは、自分の「防災スイッチ」をオンにして、家族のためのオーダーメイド防災を実現すること。それが子連れ防災の大切な軸となります。

防災を他人任せにせず、生き残れる家族になること。それを目標に、家族で一緒に、防災に取り組んでみてくださいね。

COLUMN03

ペットの防災

ペットも大切な家族
避難のしかたや、
グッズについて見直しを

ペットを避難所に連れていくのはなかなか困難。最近は、同行避難できる避難所も増えていますが、むやみに同行するのが最善とはいえません。できれば、安全な場所にテントを張るか、車や自宅避難で安全に過ごせる環境をつくりたいところ。いざというときの対応を家族で話し合っておきましょう。キャリーバッグやポータブルケージ、リードなどにも慣れさせておきましょう。マイクロチップや迷子札の装着も大切です。

特に、最近増えている、完全室内飼いの猫の場合、地震の際「揺れに驚いて窓から飛び出して行方不明に。見つかるまでの間、心配でしかたがなかった」という声も。

同行避難する際、キャリーケースは走りづらいので、リュックのほうがおすすめ。餌や猫砂やペットシートは、支援物資に含まれないことが多いので、十分な量を備えましょう。

また、最近流行りのカワウソやフクロウなど、めずらしいペットを飼っている人も、ペットに合った備えが必要です。

各自治体のルールをしっかり確認し、飼い主が責任を持ってペットを守るようにしましょう。

4

もう一歩先へ
自ら動く防災

体験談から実践するわが家の防災01

家族のルールをつくろう

困難な状況を家族で乗り切るためには、ルールづくりが大切

東日本大震災の際に被災者母子支援を行った団体が2011年9月に実施した被災者の意識調査で「震災によって家族のきずなが強まった」と答えた家族もあれば「夫婦仲が悪くなって離婚に至った」というケースも。「私は自宅で、夫は職場で被災。余震の中、私は、乳児を抱えて不安な時間を過ごしているのに夫から連絡はなく不安で苛立ちが募った」という女性は、夫が「自宅に戻れないのなら」と、職場の人たちのために奮闘したのを後で聞いたといいます。「その気持ちはわかるんですが、非常時だからこそ、なんとしても、家族のために動いてほしかった。そんな気持ちがぬぐえなくて」と、夫婦の間に埋めることのできない溝ができてしまったのです。

災害時に、夫婦や家族のきずなが強まるか、弱まるかの違いは、震災直後の混乱や不安、困難を一緒に乗り切れたと思えるかどうかにかかっていますが、一方で、家族の対応に不満が出ることもあります。

「自宅が津波にのまれ、子どもと2人で自宅から離れた高台の避難所へ行った。夫の安否がわからず、不安でパニックになりそうになった」という声も。いざというとき、一緒にいない家族がどういう動きをするのか、災害別の対応策について家族のルールを決めておき、家族全員で共有するようにしましょう。

171を使えるようにする

ネット回線のパンクや電話が通じなくなった際に頼りになるのは「災害伝言ダイヤル（171）です。公衆電話から無料でかけられ、ガイダンスに従って操作するだけで、30秒の伝言が残せます。

家族全員で公衆電話の場所を確認し、子どもに使い方を教えましょう。

SNSのアカウントは複数持っておく

電話がつながらないとき、比較的つながりやすいのがSNSです。

フェイスブックやツイッターなどに「無事です」「自宅にいます」とひとことアップするだけで、安否を確認できるだけでなく、自分がいる場所を伝えることもできます。

171を体験利用しておこう

家族全員で、171の体験利用をしておきましょう。毎月1日、15日の0時～24時や正月の三が日、防災週間（8月30日9:00～9月5日17:00）、防災とボランティア週間（1月15日9:00～1月21日17:00）の間、体験することが可能です。

連絡拠点は複数設けておく

「保育園に電話がつながらず、隣の県に住む実家の固定電話に連絡。母から保育園に電話を入れてもらい、子どもの安否を確認した（東日本大震災・29歳女性・娘5歳）」

遠方に住む親戚などの連絡先をメモしておきましょう。

災害別の最終的な集合場所を決める

「海辺に家があり、高台の夫の実家に集合すると決めていたので、夫と無事合流できました（東日本大震災・32歳女性・息子5歳、3歳）」

災害時に、時間がかかっても家族がひとつの場所に必ず集まれるよう、最終避難場所を決めておきましょう。

体験談から実践するわが家の防災02

防災ごっこをしよう

遊びながら予行練習をすればいざというとき、子どもが怖がらず安心して過ごせる

「テーブルの下に隠れようと思ったが、足元にモノがあって入れなかった（東日本大震災・31歳女性・娘4歳）」「深夜の地震で息子がショックを受けてしまい、私の服を離してくれず、トイレに行くのにも苦労しました（東日本大震災・35歳女性・娘10歳、息子3歳）」

自宅で被災したときのシミュレーションとして子どもといっしょにできるのが「防災ごっこ」です。おすすめなのは、非常食の消費期限が切れるタイミングで、防災ごっこを実施すること。家の電気をすべて消して、ランプの明かりや防災用品だけで一晩を過ごしてみるのです。トランプやアナログのゲームで家族で一緒に遊び、災害時のシミュレーションを遊びの中で体験しておくと、いざというときに「あ、あれを今日やるんだ」と子どもがストレスを感じにくくなり、大人も焦らずに対応できます。また、非常食を食べてみることで、子どもの口に合わないものや、食べづらいものなどについてもチェックすることができます。揺れがきたときの身の守り方についても、家族全員で遊びながら学んでおけば、いざ地震がきたときに子どものストレスを軽減してくれます。さらに、「防災ごっこ」をしてみることで、家族にとって必要な防災グッズも見えてくるので、ぜひ遊びながら「わが家の防災」を見つけてくださいね。

今地震がきたら？と考えてみる

「自分が買い物に出たときに地震が。自宅にいた子どものことが心配でしかたなかった（東日本大震災・40歳女性・娘10歳）」

震度7のような大きな地震の場合、同じ家にいたとしても、子どもがいる場所に駆けつけることは不可能です。地震が起きたとき、子どもが自分自身で身を守れるよう、シミュレーションしてみましょう。

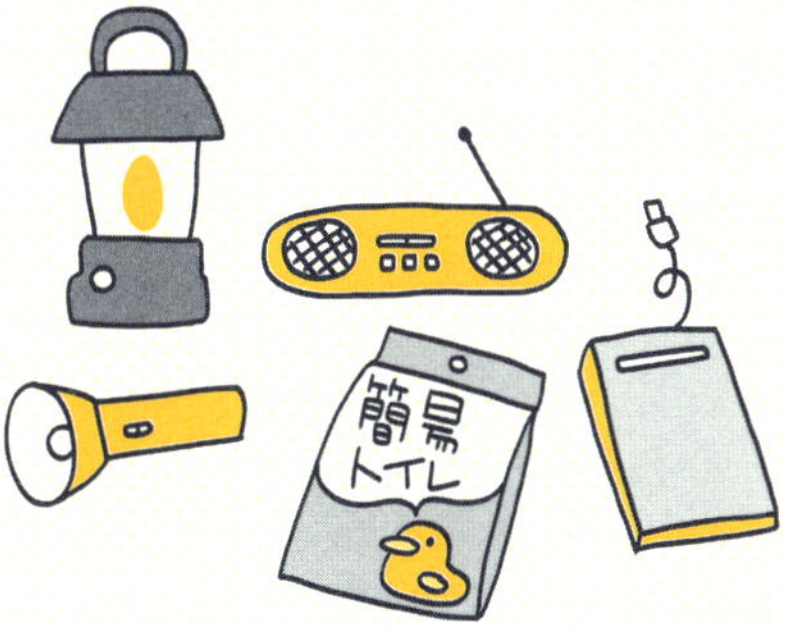

電気や水道、ガスを使わずに過ごしてみる

「震災の夜、停電の中、懐中電灯がひとつしかなく、誰かがトイレに行くとリビングが真っ暗になって困った（東日本大震災・37歳女性・娘11歳、息子7歳）」

水道や電気、ガスなど、実際に使えなくなったらどうなるのかを、遊びを兼ねて体験し、防災グッズを見直しておきましょう。

非常食を食べ防災グッズを使う

「避難バッグに缶詰を入れていたが、肝心な缶切りがなくて食べることができなかった（東日本大震災・歳24女性・息子5歳）」「非常用炊飯袋の使い方がよくわからなかった（東日本大震災・28歳女性・娘2カ月）」

小さな子どもは空腹時の我慢がしづらいものです。いざというときのために、調理法を含め、非常食の試食をしておきましょう。

体験談から実践するわが家の防災03

防災ピクニック®に出かけよう

ピクニックをしながら危険をチェック。家族で防災力をアップしよう

「避難所に向かう道に電柱が倒れていて通行できなかった。それ以外の道を知らなかったので、避難所につくまでに時間がかかった（阪神・淡路大震災・37歳女性・息子7カ月）」

自宅が倒壊したり、マンションが傾いたりして危険な場合、避難場所や車内で過ごすことに。事前に、車中泊をする場所や、避難場所を確認しておきましょう。

また、避難場所を知っていたとしても、その場所まで歩いてみた、という人は少ないのではないでしょうか。ぜひピクニックを兼ねて、子どもと一緒に避難所まで歩いてみてください。大阪北部地震では倒れてきたブロック塀に挟まれて9歳の女児が亡くなりました。避難に向かうルートに危険な塀や倒壊しそうな古い家屋、自動販売機などがないか、子どもと一緒に危険を確認しながら、実際に歩いてみてくださいね。用水路や川のそばでは、水害時に通れるのかどうか、ハザードマップでチェックし、いくつかのルートを確認しておく必要があります。地図からは見えない本当の危険が見えてくるはずです。

また、通学路なども、子どもと一緒に歩いて危険チェックをしておくと安心です。小高い丘などを目的地にして歩いてみるのもおすすめ。ふだん、舗装されていないところを歩き慣れていない都会の子どもの足腰を鍛えてくれます。

危険な場所をチェックしておこう

「家の近所で地震が起きた際、古い塀が倒れてきた。真下にいたらと思うと、怖くてしかたがなかった（東日本大震災・32歳女性・娘3歳）」

「老朽化したブロック塀や古い建物、傾いた自動販売機や電信柱など、地震や台風で倒壊しそうなものがないか、子どもと一緒に確認しておきましょう。

避難所はいくつか確認しておこう

「指定の避難所で浸水の恐れがあり、別の避難所へ移動した（台風・29歳女性・息子7歳、3歳）」

災害の種類や住んでいるエリアによって避難場所は変わります。「地震の場合は津波の心配があるからここ」というように、数カ所の避難所と、ルートをチェックしておきましょう。

非常食を食べ防災グッズを試す

近所の公園や家のベランダ、庭などで、気軽に防災ピクニック®をしてみましょう。家族の娯楽として楽しみながら、お弁当代わりに非常食を食べ、防災グッズを試してみることで、災害時の予行練習になります。子どもにとっては、グッズを使うことが「楽しいイベント」になります。

非常用持ち出し袋を背負ってみよう

「リュックに2Lのペットボトルを1本入れていたが、実際に避難しようとしたら重たくて家に置いて避難した（東日本大震災・30歳女性・娘1歳）」

せっかく準備しても、有事に持ち出せなければ意味がありません。子どもを抱っこしたうえで背負って走れる量をチェックしてみましょう。

体験談から実践するわが家の防災04

防災キャンプをしよう

アウトドアは最強の防災術。いつもと違う不自由さを、楽しみながら体験

「避難所に行ったが、子どもが騒いで他の人に迷惑をかけるので、車のトランクに積んでいたキャンプセットを駐車場に広げて過ごした（熊本地震・34歳女性・息子4歳、2歳）」「庭でキャンプをして過ごした。子どもたちを普段からよくキャンプに連れて行っていたので、避難生活の不便さも、子どもにとっては遊びの一環になっていてストレスがなかった（東日本大震災・40歳女性・息子7歳、娘5歳）」

キャンプは最高の防災術、そしてキャンプ用品は最強の防災グッズです。ママプラグの防災講座でもその内容を度々紹介しています。季節ごとの装備や食料があれば、いつ何時地震が起きても安心して過ごすことができますし、普段から自然の中で過ごし、電気やおもちゃやゲームのない生活を子どもに体験させておくと、いざというとき、外で過ごすことに抵抗がなくなります。

防災キャンプの利点はまだまだあります。山や川辺でのキャンプを通じて、山や川辺のキャンプ中に、遊びながら災害時の避難シミュレーションができ、「薪を集めてくることができた」「火を起こせた」など、自分の役割を成し遂げるという成功体験を重ねることもできます。子どもの防災力アップと社会性を身につける絶好の機会になるので、ぜひ家族でアウトドアレジャーに挑戦してみてください。

川辺や山などで、天候の変化を体験

自然を体験することで、「危険を察知する能力」を磨くことができます。「山に大雨が降りはじめたら、川のそばから離れようね」など、命を守るために必要なことを教えてあげてください。

バンガローに泊まってみる

「アウトドアに慣れておらず、いきなりキャンプはハードルが高い」という場合は、キャンプ施設にあるバンガローに泊まってみるのもおすすめです。まずは自然の中で過ごしてみましょう。

レトルト食品や非常食を食べてみる

レトルト食品や非常食なども持ち込んで、実際に食べてみましょう。気に入ったものを、「わが家の非常食」としてストックするようにすれば、いざというとき「子どもが食べない」ということもありません。

屋外BBQや飯ごう炊飯を体験

大人も子どもも協力して、BBQや飯ごう炊飯などに挑戦してみましょう。屋外で役割を持って、自分たちのご飯をつくるという挑戦は、子どもにとっての防災訓練でもあります。

体験談から実践するわが家の防災05

預け先との連携をしっかり図ろう

預け先の緊急時の対応を確認しておけば、いざというとき冷静になれる

「地震が収まってすぐに子どもを預けている保育園へ向かった。到着すると、園庭に子どもたちが整列して保護者を待っていた。迎えにきた父親のひとりが『何をしている！　津波がくるぞ』と叫んだ。慌てて全員で避難して、園児は無事だったが保育園は津波にのまれた。（東日本大震災・32歳女性・娘2歳）」

東日本大震災の際には、こういった体験談を多数聞きました。現在は、どの施設でも、しっかりした防災対策が取られていると思いますが、想定外の事態はいつ起きるかわかりません。災害時に大切なのは保護者と預け先の連携です。「どういう災害が起きたときに、どういう対応、行動をするのか」をお互いに確認しておくことで、発災後の心持ちが変わりますが、防災講座に参加される人の中には「両親共に電車通勤の場合は、災害時にお迎えに行くことが難しいけれど、うちの保育園の対応がわからず心配で……」というような声も少なくありません。一方で「園の対応ができていなかったため、保護者が自主的に園に掛け合って防災委員会をつくって検討していくことにしました」という話も。

園も保護者も、防災について遠慮しがちな傾向がありますが、わからないことはまず問い合わせをすること。お互いの立場を尊重しながら話し合えれば、園との連携は進歩します。

災害別の対応がなされているか

預け先の避難対策が災害別にきちんと検討されているかどうか確認しておきましょう。もしも、防災対策ができていない場合は、保護者と預け先とで話し合っておきましょう。

最善策を考えておく

東日本大震災の際は、高台に避難していた園児を迎えに行き、帰りの車の中で津波にのまれた親子も。災害時の預け先の対応を確認し、安全である場合は迎えにいかない選択も必要です。

防災メモをつくっておく

預け先で共有しているメールやSNSの連絡網以外にも連絡方法を検討し、迎えに行けない場合に協力し合えるご近所の保護者らと、災害時の対応について話し合ってみましょう。

防災マニュアルを確認しておく

近年は施設の防災対策も進んでいて、しっかりした防災マニュアルを持っているところも。預け先との連絡がつかないときの対応など、心配なことは確認しておきましょう。

体験談から実践するわが家の防災06

覚えておきたいファーストエイド

基本は安静。小児救急救命を学んでおけば、いざというとき冷静に対応できる

東日本大震災では、子どもが寒さとストレスで突然のけいれんを起こし、保護者はパニックになった例も。災害時は、大人でも非常にストレスがたまりますが、子どもにはさらに大きな負担がかかります。

まず、体内備蓄が少なく体温調節機能や免疫力も未熟なので、脱水や低血糖、低体温に陥りやすく、感染症への罹患の確率が高くなります。避難時や避難所でのストレスも相まって体調不良を起こしやすいため、注意が必要です。また、子どもは成人に比べて身長が低く、低い位置に漂っているガスや、真夏の災害時に地熱の影響を受けやすいなど、状況に応じて適切な対応をしていく必要があります。

ママプラグでも消防署の協力を得て、災害時の子どもの救急救命や起こりうる病気などについての勉強会などを開催していますが、幼い子どもを持つママやパパには、日本赤十字社などが主催する講習を受けておくことをおすすめします。心臓マッサージや人工呼吸など最も基本的な救護措置、AEDの使い方などを学ぶ「救急法基礎講習」や子どもに起きやすい事故の予防や病気への対応を、知識と技術の両面から学べる「幼児ワンポイント講習」などがあります。これらの知識や技術は、災害時でなくとも、子どもの誤飲やけいれんなどの際にも役立ちますし、落ち着いて対応することができるのでおすすめです。

水にのまれたときはまず体を温める

まず濡れた衣服を乾いたものに着替えさせて体温が下がらないように注意してください。意識がなく普段通りの呼吸がされていないときは人工心肺蘇生法を行います。

災害のストレスでけいれんを起こす

災害時は、多くの子どもが寒さとショックで突然倒れけいれんを起こす、ということがありえます。災害時に起こりやすい病気や子どもに現れる症状を、あらかじめ知っておくと慌てません。

ケガや骨折の処置を学んでおく

骨折のときは患部に硬いものを添えて包帯などで固定して病院へ。屈曲していたり出血したりしているときは、無理に戻そうとせずに、そのまま全身を毛布でくるんで保温して病院へ。

災害時にかかわらず多いのは誤飲

ふだんから、子どもや高齢者に多いのが誤飲です。災害時は、避難所などで普段と違ったものを口にすることも多く、注意が必要。誤飲の対応策については学んでおくようにしましょう。

体験談から実践するわが家の防災07

特別なニーズのある子どもの防災

災害時に理解されづらい特別なニーズのある子どもには、事前の準備が必要

「子どもが小麦アレルギー。避難所で出された食事に小麦粉が入っていて食べさせられず、周囲に『贅沢だ』と言われてつらかった（東日本大震災・31歳女性・娘4歳）」

　アレルギーや障がいを持つ子どもたちには、それぞれに特別なニーズがあります。「小麦粉や卵が入っているものが食べられない」「ADHDで落ち着いて過ごすことが難しい」というようなニーズは、災害の現場ではなかなか理解されづらいもの。また、支援物資でアレルギー食はすぐには届かないと思っていたほうが賢明。だからこそ、事前の準備が大切になります。

　災害が起きたとき、子どもが一体どういう状態になるのか、普段から親子で話し合い、自分の子どもに合った方法で備えましょう。

　たとえば、小麦粉アレルギーの場合。グルテンフリーのレトルト食品を取り寄せ、実際に子どもに食べさせてみて、食べられるものを備蓄するようにしましょう。発達障がいや身体的な障がいがある場合は、子どもがひとりのときに被災しても、周囲の人にサポートしてもらいやすいように、障がいの程度や対応の方法、連絡先などを書いたカードを持ち歩かせるようにすると安心です。

　また、自治体は、災害時の支援要請の事前登録を実施していますので、住んでいるエリアのサポートについて、確認しておきましょう。

アレルギー食は物資で届かない

「アレルギーのある子どものミルクがなくて白湯を飲ませて過ごした（東日本大震災・29歳女性・息子5カ月）」

アレルギー疾患があると、子どもも大人も、避難所で配布される支援物資や炊き出しの食事を食べることができず、非常に困難を強いられます。自治体ではそもそも市民全員が過ごせる十分な物資を備えているわけではないため、特別なニーズがある場合は、それぞれの家庭で備えておくのが基本です。

とはいえ「家が津波で流されて、すべて失った」という不測の事態も考えられます。備蓄は、家の中の違う場所に少しずつ分けて保管。近隣に住む親戚やママ友らと話し合って、それぞれの家庭に必要なものを少しずつ備蓄し合えるのが理想です。

さらに、食物アレルギーだけでなく、入浴ができないためにアトピーが悪化したり、避難所のチリやホコリで小児性喘息の症状が出るということも。必要な薬は多めに用意し、日頃から対応について家族で話し合っておきましょう。

発達障がいは理解されづらい

ADHDなど、発達障がいを持つ子どものニーズもまた特別なものです。避難所などたくさんの人の中で、穏やかに過ごせない場合は、自宅避難をベースに防災を考え、必要に応じて駐車場や庭にテントを張って過ごすなど、子どもを刺激せずに過ごせる場を用意しておくと安心です。

障がい者に避難所は困難

段差のある避難所のトイレや、いつもと違う場所での行動は、障がいがある子どもには非常に過ごしづらいもの。できるかぎり、自宅避難できるように備えておきましょう。障がいの度合いに応じて、福祉避難所を利用できることも。自治体に問い合わせをしてみましょう。

体験談から実践するわが家の防災08

女性ならではの防災

防災グッズも女性仕様で揃える。生理用品やコスメ用品は、十分な備蓄を

避難所で
下着を
干すの
イヤよね!!
うーん
生理用品
サニタリー
ショーツは
支援物資に
入るのかしら
私 ビデが
ないと
すごく困るわ

「津波に浸かった不衛生な状態で生理になり、避難所では生理用ナプキンの十分な備蓄もなく、避難所にいる女性にわけてもらった（東日本大震災・37歳女性・娘7歳）」

　東日本大震災のあと、多くの女性から聞かれたのが、「断水の中、避難生活の中で生理になってつらかった」という言葉でした。また不衛生だったこともあり、膀胱炎になったり、デリケートゾーンがかぶれたりした人も。生理用品や衛生グッズは多めに買っておくに越したことはありません。日頃持ち歩くママバッグや通勤バッグの中にも、生理用品は入れておくようにしましょう。

　ほかにも、普段からバッチリメイクでスキンケアを丁寧にしている人や、匂いに敏感な人は、避難所での生活はよりストレスになります。「緊急時だから我慢」というのはもちろんですが、「私にはこれが外せない」と思うものは、ストックを増やし、持ち歩くようにしましょう。

　意外に重宝するのがアロマオイルです。マスクに数滴垂らせば、避難所特有の生活臭を緩和してくれます。また、ティーツリーなどの抗菌効果のあるオイルをバッグにひとつ入れておけば、コップの水に数滴たらしてうがい薬にしたり、ウエットティッシュにたらして手をふいたりすることで、感染症の予防が期待できます。

生理用ナプキン サニタリーショーツ

支援物資の一陣としてはなかなか手に入らない生理用ナプキン。「公平を優先する避難所で、ナプキンを十分な量もらえなかった」という例も。ショーツと合わせて十分に備蓄しておきましょう。

マスク

感染症や風邪などの予防に役立ちます。また、避難所特有の生活臭やほこりを緩和してくれるほか、ノーメイクで過ごす際のストレスを和らげてくれる効果もあります。

カップつきインナー

東日本大震災では「ブラジャーの替えが欲しかったのですが、避難所で言い出しづらかったし、届く気配もなかった」という人も多くいました。サイズがある衣類は、避難物資として届きづらいもののひとつです。

携帯用ビデ

断水でお風呂に入れない場合や津波や川の氾濫などの被害にあって不衛生なまま過ごさざるをえなくなる場合もあります。携帯用のビデを備蓄しておくと膀胱炎などを防ぐことができます。

ポーチ トートバッグ

「避難所のトイレへ行くとき生理用ナプキンを新聞紙に包んで持ち歩いた」という人も。ポーチやトートバッグがあると、衣類やナプキンなどの持ち歩きに便利です。

アロマオイル コスメ用品

コスメ用品は災害時には贅沢品と捉えられることもあり、なかなか届きづらい傾向がありますが、女性にとってスキンケアや匂いの緩和は、ストレスの緩和にもつながります。

羽織・ストール

普段から羽織やストール、サラシ、大判のガーゼなどをバッグに入れておくと、授乳や携帯用トイレで用を足すときの目隠しになったり、防寒対策として役立つこともあります。

体験談から実践するわが家の防災09／働くママパパに必要な防災

帰宅難民にならないように考えておく

「渋谷の職場で被災。ヒールだったので職場の近くでスニーカーを購入し、二子玉川まで歩いて帰りました。246号線は、歩いて帰る人で溢れ、途中座り込む人も多く、疲れ果てていました。子どもの保育園にたどり着いたのは22時を過ぎていました（32歳女性・娘3歳）」

「埼玉の自宅までは歩いて帰れずに、会社に泊まりました。会社に十分な備蓄もなく空腹のまま、妻や子どもに連絡がつかず、心配しながら同僚たちと過ごしました（41歳男性・息子4歳）」

東日本大震災の際、東京都内で働く多くのママやパパが帰宅困難に陥りました。子どもを自宅のそばに預けている場合は「帰らずに、会社に泊まろう」となかなか思えない人も多かったようですが、都心で直下型の地震が起きた場合、発災後の安易な帰宅は非常に危険です。

共働きで勤め先が都心の場合は、無理をして帰宅しないこと

内閣府が公表した首都直下地震時の帰宅行動シミュレーションによると、都心部や火災延焼部を中心に道路がまるで満員電車のような状態になり、巻き込まれる人は200万人にも上るという結果に。都心に勤める人は、会社に泊まることを前提に備えておくほうが賢明です。

共働き夫婦が都心で働いている場合は、預け先のお迎えを頼める人を探しておく、夫婦の合流の仕方を検討しておくなど、事前に話し合っておきましょう。

オフィスにはスニーカーを

災害時、落ちつくまで会社に泊まったあとで家に帰るとき、がれきの中をヒールや革靴で歩くのは困難です。スニーカーを1つ置いておくようにしましょう。

また、着替えや衛生用品も置いておくと便利です。会社に備えてある防災食などを確認しながら、自分に必要な備えを検討しましょう。

預け先との連携は必須

最近は、災害時に保護者の代わりにお迎えにきてくれる人のリストの提出をうながす園や学校も増えてきました。

お迎え以外にも、子どもの安否の確認方法や自宅に帰れないときの対応など、事前に預け先に確認しておけば、無理に帰宅を試みて危険に身をさらすこともありません。

家族バラバラの被災に備える

「自宅の近くにパートに出ていた妻や、保育園に預けている息子の安否がわからず、不安になった」という声も多い被災地。夫婦間など、連携できる家族との間で、いざというときの連絡方法について話し合いましょう。また、仕事で多方面に移動する人は、その日どこにいるのかを伝えておくことも大切です。

高齢者の防災

家族に高齢者がいる場合や子どもを見てもらう機会が多い場合も災害を予想した備えが必要

家族の中に高齢者がいる場合も、手厚い備えが必要です。

現在服用している薬を１週間分とお薬手帳、メガネや入れ歯、入れ歯の洗浄剤、紙オムツやパッドなど、子どもの防災と同じように必要なものを多めに備蓄し、栄養バランスが偏らない食事ができるように注意しましょう。

また、子どもと同じく高齢者の場合も避難所での生活は困難。インフルエンザや、ノロウィルスなどの感染症の危険性もありますので、できるだけ自宅の備えを厚くしておきましょう。

要介護者の家族がいる場合は、災害時の対応について介護者側があらかじめ話し合っておくようにしましょう。逆に、ふだん子どもを祖父母に見てもらっている場合は、災害時に互いがどういう動きをし、その日どう過ごすのか、避難のタイミングや避難場所、集合場所など、細かいルールを決めておきましょう。

高齢者の防災は、ケータイが使いこなせるかどうかでも、備えが変わってきます。必要に応じて、公衆電話の位置の確認や小銭の準備、緊急時連絡先などもリスト化しておきましょう。

5

医療従事者に聞く
災害時に必要なこと

医師から見た防災

災害時は、家族の問題が顕著に現れる

普段から心身ともに健康的な生活を送り、家族のきずなを大切にしておく

DMAT（災害派遣医療チーム）
DPAT（災害派遣精神医療チーム）
日本赤十字社医療センター
メンタルヘルス科
半蔵門のびすここどもクリニック
副院長
河嶌讓

災害時は誰もが心に余裕がない状態です。自宅が流されたり、火災で燃えてしまったり、大切な人を失ったうえに、避難所での不自由な生活を強いられれば、他者を気づかう余裕はなくなります。

災害直後に現れる強い不安や不眠、イライラは急性ストレス反応と言われ、普段よりも暴力的になったり、またはうつ症状を引き起こしたりすることがあります。

人が亡くなる場面を見てしまった衝撃で起きるフラッシュバック、悪夢や過覚醒、感情の麻痺などのトラウマ反応は、多くの場合半年以内に自然と回復しますが、死別や喪失による悲観的な感情の回復には1年から2年の時間を要します。これらを妨げるのが、長期に渡る避難生活や先の見えない現実によるストレスです。また、単身者など、社会やコミュニティから孤立した人もストレスを増幅させる傾向があります。

災害後には、多くの人が一斉にこの状況に陥るため、地域での犯罪や暴力、DVが増える傾向があるのです。

子どもも、突然の意識消失を引き起こしたり、頭痛や腹痛をうったえたり、手足が動かなくなったりするなど、さまざまな身体症状が表れることがあります。年齢にそぐわない甘え方をしたり、わがままになったり、現実には

ないことを言い出したりします。また、津波などの体験を遊びに置き換えて「津波ごっこ」をはじめたりすることもあります。

保護者の方は驚かれることもありますが、これらはすべて、異常な状態に対する正常な反応です。無理にやめさせようとせず、子どもの心に寄り添い、子どもの言葉に耳をかたむけるようにしてみてください。災害後は保護者も心の余裕を失っているかもしれませんが、見守る姿勢、話を聞く姿勢が、子どもの心の回復を促します。心配なときは、児童精神科を受診し、指示を仰ぐようにしましょう。

もうひとつ、家族の心身のために心がけたいことがあります。

それは、何もない日常の中でのコミュニケーションを密にし、夫婦間、親子間の関係を良好に保っておくことです。

災害時に増加する犯罪や暴力は、にわかに出現するように見えますが、実は、そうではありません。普段からストレスに感じていること、家族の中に潜んでいるコミュニケーションや心の課題が、大きな災害に遭遇し、ストレスに見舞われることで表面化することにより起こります。

日常生活の中で子どもが安心して暮らせる環境を保つこと。それそのものが大切な防災活動でもあります。

また、日常の中で子どもや家族が精神的に大きなストレスを感じている場合、適切なサポートを受けながら、有事の対応についても確認しておくようにしましょう。

医師から見た防災

子どもが罹患する病気は平常時とほぼ同じ

非常時でも普段通りの生活が続けられることが大切。母子のストレスを減らすために防災に取り組む

DMAT（災害派遣医療チーム）
半蔵門のびすこどもクリニック院長
岬美穂

多くの人が、災害が発生したら一刻も早く逃げなくてはならないと思っていますが、耐震、免震がしっかりしている自宅やマンションであれば、自宅で過ごすほうが安全なこともあります。

災害時に起きる子どものケガや病気は、普段子どもが罹患する病気や遊んでいるときに起きるケガと同じことが多いため、有事だからといって過敏にならず、冷静に子どもの状態を判断することが大切です。

災害時でも母乳育児の人は、可能な限り母乳育児を続けるのがベストです。母乳には免疫が含まれていますからお子さんを感染症から守ってくれます。しかし、東日本大震災の際は、安心して授乳できるスペースがなく、授乳するのが大変だったという体験談もありました。とはいえ、落ち着ける環境があればいつも通りの母乳育児はできます。ケープを利用したり、周囲に協力してもらったりして、なるべく母子ともにリラックスできる環境をつくりましょう。普段からミルクを飲んでいる赤ちゃんには、ミルクと清潔なほ乳瓶をセットで準備しておきたいところです。ほ乳瓶を消毒できない環境であれば、紙コップやスプーンでのほ乳も可能です。どちらにしても母子ともにストレスがなるべくかからない十分な知識と備えがあるといいですね。

また母子手帳は、ママや赤ちゃんの健康に関する情報が書かれていますか

ら、災害に備えて妊婦さんは常時、母子手帳を携帯しておくことが大切です。

避難所での生活は、被災者はもちろん、多くのボランティアが行き交い、免疫力の弱い乳児らは感染症にかかりやすくなります。ただでさえ、物資や食料が足りずに不便や我慢を強いられる中、さらに、避難生活が大変なものになります。

自宅が流されて、頼る親戚や友人らもいない場合など、どうしても避難所で生活しなくてはならない場合は、妊婦さんや、乳幼児のいる子どものための部屋が確保された避難所もあります。授乳室を確保していたり、授乳ケープを貸し出してくれたりすることもあるので、支援側に確認するようにしましょう。

避難所では、適度に体を動かし、エコノミークラス症候群にならないように気をつけます。ママの心の状態は子どもや胎児に大きな影響を及ぼしますので、ママがリラックスして過ごせるよう、アロマオイルや好きな音楽などを持参し、少しでも心が穏やかになれるよう工夫することも必要です。

避難所では、女性や子どもは防犯対策に気をつけるようにしましょう。同じ境遇のママやパパと協力し合い、夜トイレに行く際は必ず一人ではいかないようにし、子どもが一人になる機会をつくらないようにしましょう。

災害時に大切なのは人と人との助け合いです。大変なことがあったら一人で抱え込まずに、SOSを発してください。ママとパパが心身ともに健康でいることが、子どもには何よりも大切なことなのです。

災害医療の視点で考える01

災害後の心理的な反応

これらが重なると暴力的になったりうつ症状がでたりすることも

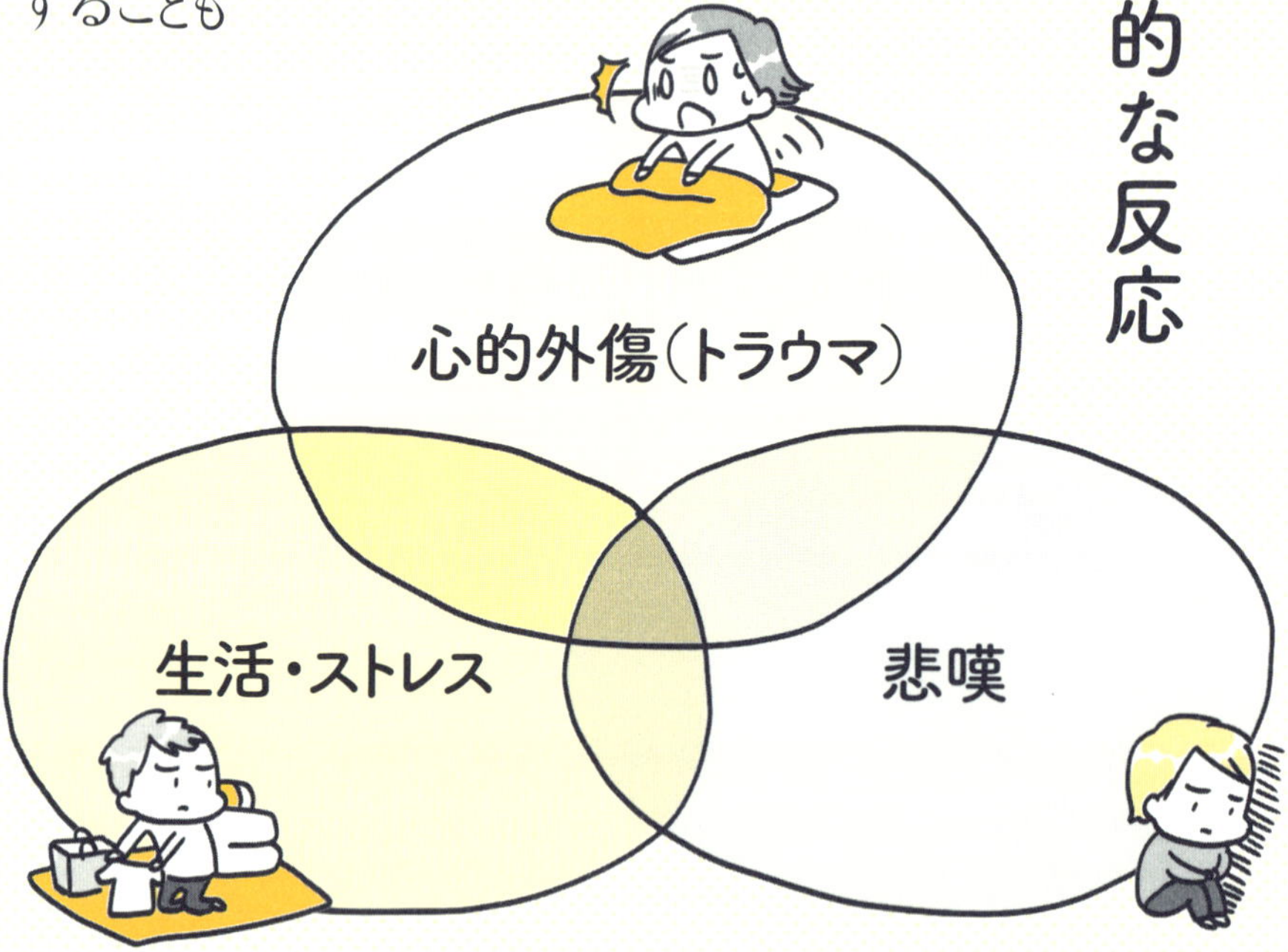

心的外傷(トラウマ)

自他の死傷による衝撃によって起こる、フラッシュバックや悪夢、過覚醒、感情麻痺など

生活・ストレス

避難所で子どもが泣く、知らない人たちとの生活、不自由など、避難生活による様々なストレス

悲嘆

大切な人との死別、自宅などの喪失による反応で、回復するのに1〜2年かかる

災害医療の視点で考える02

東日本大震災後の子どもの変化

遊びの変化

「地震ごっこをするようになった」
「積み木で家をつくっては壊す遊びをするようになった」

恐怖心が消えない

「大人に抱きついて離れなくなった」
「洗濯機の音にもビクビクするようになった」

これらはすべて正常な反応

退行行動

「一度やめていたおっぱいを欲しがるようになった」
「指しゃぶりをするようになった」

体調不良や発疹

「鼻血やじんましんなどの症状が出た」
「お風呂に入れず、湿疹に悩まされた」
「下痢が続いた」

情緒不安定

「乱暴になった」
「落ち着きがなくなった」
「過呼吸になった」

災害医療の視点で考える03

心理的応急処置

見る

▶ 安全確認を行う（支援者も含め）
▶ 明らかに緊急の対応を必要としていないか
▶ 深刻なストレスを抱えていないか

何よりもまず抱きしめる

子どもの話に耳を傾ける

話を聞く

つなぐ

▶ 深刻なストレスを抱えている場合は、専門家の支援が必要

聞く

▶ 子どもに寄り添う
▶ 子どもの話に集中する
▶ 話に耳を傾け、気持ちを落ち着かせる手助けをする
▶ あいづちを打って、子どもの言葉を復唱する
▶ 否定せずに「そうだね」と共感する
▶ 今何を必要としているのかを聞く

災害医療の視点で考える04

特別な配慮が必要な人々

・高齢者

・乳幼児

・傷病者

・障がい者

・妊婦

・日本語を母国語としない人

いざというとき 助け合える 地域づくり

都心に暮らす人の多くが、隣の部屋に誰が住んでいるのかも知らない現代ですが、子連れや高齢者のいる家庭が安心して過ごすために必要なのは、普段から地域のコミュニティに関わり、顔見知りを増やしておくことです。

たとえば、近所で子どもとはぐれても、普段から地域の商店街の人が子どもの顔を覚えていて助けてくれたり、地域の高齢者の人に避難の声かけをしてあげることもできます。

避難所でも、顔見知りの人たちであれば、子どもが泣いていても「大丈夫よ」と声をかけてくれるなど、ママパパの心理的なストレスも緩和することができます。

災害医療の視点で考える05

子どもが熱を出したら？

子どもの状態を見る

▶泣いていますか？
▶ミルクや水を飲めていますか？
▶視線は合いますか？
▶おかしな呼吸（音が出る、鼻翼が呼吸に従って膨らむ、みぞおちがペコペコしているなど）をしていませんか？

対処方法

▶冷やす（薄着をさせる、冷却シートで体を冷やす）
▶ミルクや水分をこまめに与える
▶解熱剤を投与する

こんなときはすぐに病院へ

▶まったく泣かずにグッタリしている
▶視線が合わない
▶おかしな呼吸をしている
▶母乳やミルクをまったく飲まない
▶生後３カ月未満の乳児の発熱
▶半日以上おしっこが出ない

災害医療の視点で考える06

子どもが嘔吐・下痢をしたら？

子どもの状態を見る

▶泣いていますか？
▶視線は合いますか？
▶ミルクや水を飲めていますか？
▶おしっこは出ていますか？

対処方法

▶吐いた場合は、少し落ち着いてから水分を少しずつ間隔を空けて与える

対処方法

▶脱水時には経口補水液（なければ水）を与える
▶下痢は無理に止める必要はない
▶おしりふきや少量の水を用いて可能な限りオムツかぶれを防ぐ努力をする

こんなときはすぐに病院へ

▶血便が出る
▶半日以上おしっこが出ない
▶激しくお腹を痛がる
▶まったく水分が摂れず、唇や舌が乾燥している
▶意識が朦朧としている

災害医療の視点で考える07

子どもが頭をぶつけたら？

地震の揺れでケガをすることも

対処方法

- ▶子どもの様子を観察する
- ▶たんこぶ（皮下血腫）ができていれば冷やす

こんなときはすぐに病院へ

- ▶3回以上吐いて、グッタリしている
- ▶けいれんを起こす
- ▶意識が朦朧としている
- ▶視点が合わない
- ▶泣かずにぼんやりしている
- ▶頭からひどく出血している

災害医療の視点で考える08

病気の子どもの備え

「子どもが入院中に被災。病院まで道のりが遠く、街はガレキで覆われていて、病院まで行けたのは3日後だった（東日本大震災・34歳女性・娘5歳）」

入院中のお子さんの場合は、災害時の対応について病院に確認しておくようにしましょう。

また、難病のお子さんの場合は遠方の専門の小児総合病院をかかりつけにしていることも多いと思いますが、災害時に遠方まで子どもを連れていくのは困難です。近所で、かかりつけ医を探しておくと安心です。自宅療養の場合は、停電が命取りになることもありますので、相応の備えが必要です。

近所にかかりつけの病院を見つけておく

家の近所の抱えて連れ込める距離に、かかりつけ医を探しておくことも、防災対策のひとつです。また、てんかん薬など、子どもの体格や状態によって薬の量が変わるものがあるので、避難の際にはお薬手帳は必ず携帯するようにしましょう

自宅の電源など備えを見直す

電源を必要とする医療機器を自宅で使用している場合、停電のときの対応について、主治医や医療機器メーカーと話し合い、適切な対応策を準備しておく必要があります。そのほか、あらゆる可能性を考慮し、子どもが安全に過ごせるようにしましょう

災害医療の視点で考える09

災害拠点病院の場所を確認しておこう

災害拠点病院とは

① 24時間いつでも災害に対する緊急対応ができ、被災地域内の傷病者の受け入れ・搬出が可能な体制を持つ。
② 実際に、ヘリコプターなどを使用して重症傷病者の受け入れや搬送を行うことができる。
③ 消防機関（緊急消防援助隊）と連携した医療救護班の派遣体制がある。
④ ヘリコプターに同乗する医師を派遣できることに加え、これらをサポートする、十分な 医療設備や医療体制、情報収集システムと、ヘリポート、緊急車両、自己完結型で医療チームを派遣できる資器材を備えている。

災害時、街の医院やクリニックは開いていないことが多く、地域内に仮設救護所が設置されます。仮設救護所の場所や開設時間などの情報は、一般的に、避難所内やテレビ、ラジオなどで案内されますので、確認するようにしましょう。

災害時に地域の拠点となって、重篤な患者さんを受け入れて、災害時の救助活動の中心的な役割を担うのが「災害拠点病院」です。

建物が耐震耐火構造になっていて、資器材等の備蓄が豊富。災害時、家族が大きなケガや病気になったときのために、住んでいるエリアの「災害拠点病院」の場所やルートを確認しておきましょう。

災害医療の視点で考える10

小児の災害医療は地域内の連携が不可欠

地域のつながりが子どもの命を救う

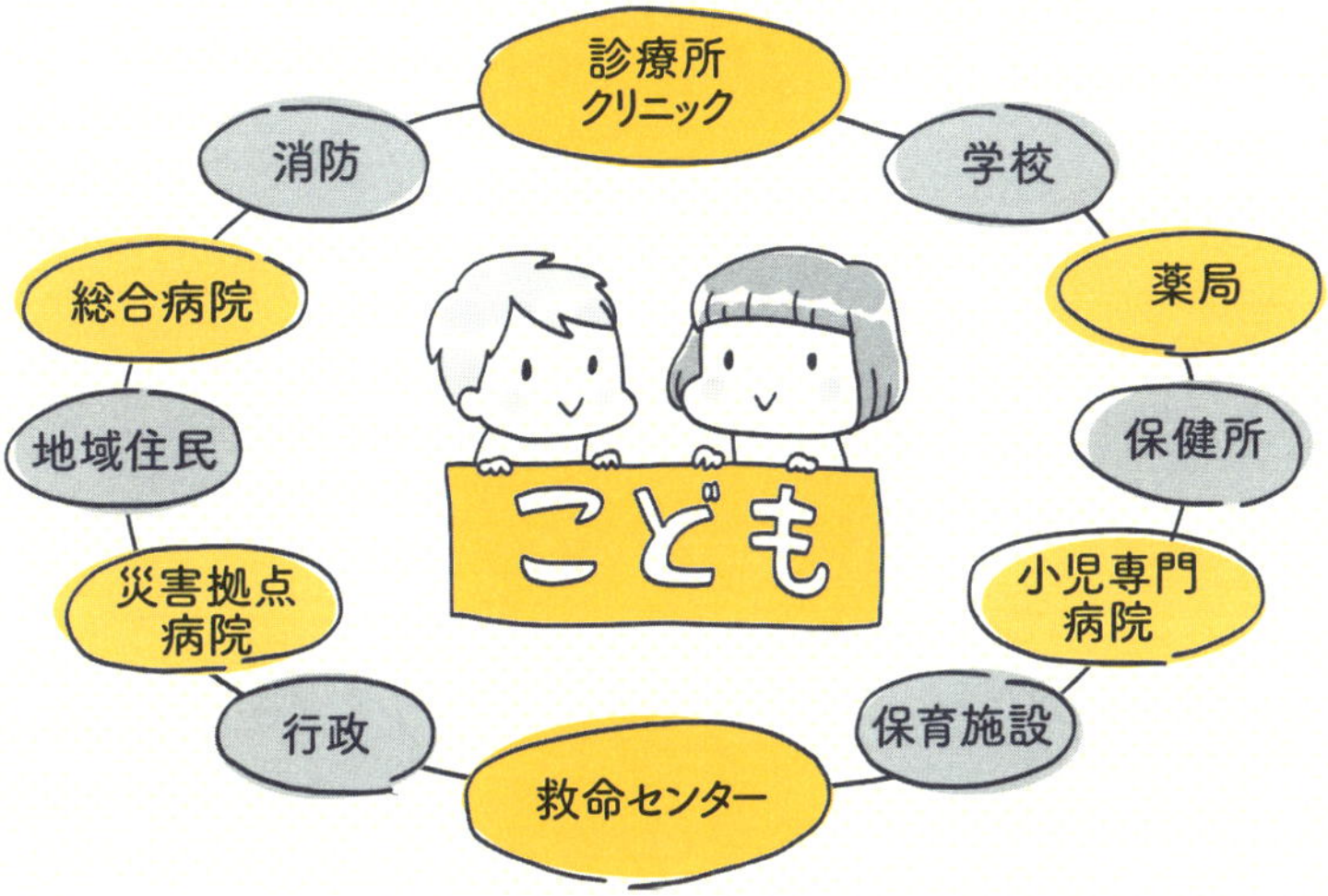

災害が起きたとき、まず大切なのは自分や家族が生き延びること。そして、しばらくの間自立して生活ができるように備えておくことです。自助力を高めるために、日々少しずつ防災に取り組みましょう。

また、災害は、1つの家族だけでなく、地域全体の問題となります。発災直後から、近所の人に助けられることもあれば、近所の人の命を救うこともあるかもしれません。

大切なわが子の命を救うためには、地域と医療機関の連携が不可欠です。普段から地域とつながり、助け合える関係をつくっておきましょう。人のつながりが強い地域こそ、「災害に強い街」と言えるのです。

あとがき

子育ても、防災も、大変だけど楽しむ！

普段の生活で、
生きる力を
育てる。
それが、
子どものために
できる防災の
第一歩

特定非営利活動法人ママプラグ
アクティブ防災事業代表
冨川万美

防災講座をスタートして7年が経ちました。

「守るものができたからこそ、防災意識が芽生えた」「絶対に守らなくてはならないものができたから、夫婦で勉強にきました」という声があります。同時に「当時はまだ、ママという目線で震災を考えていなかったので、何から手をつけたらいいのかわからない」という声も聞きます。

そんなとき「日常生活の工夫、育児での工夫は、すべて防災になりますよ」とお伝えしています。なぜなら、普段から慣れていることは、とっさのときも身体が覚えていて、身を守ったり、行動したりできるからです。

その逆で、普段していないことは、いざとなってもできないもの。災害時とはいえ、食べられないものを無理やり食べるというのは難しいのです。だから、普段から子どもに伝えたいこと「危険な場所を避ける」「地震がきたら、ダンゴムシのポーズをする」「好き嫌いなく食べる」「和式のトイレが使える」。これらすべてがすでに防災訓練なのです。

子どもたちが「自分は大切にされている」と感じられる環境をつくり、コミュニケーションを取り、自立をうながし、一緒に防災に取り組んでいくことができたら、いざというときも協力しながら生き延びることができるはず。

少しずつでかまいません。子連れ防災、楽しくはじめましょう。

防災お役立ちサイト

内閣府・防災情報のページ
「罹災証明書の概要」
www.bousai.go.jp

厚生労働省
「エコノミークラス症候群予防のために」
www.mhlw.go.jp

警察庁犯罪被害相談窓口
「性犯罪被害相談電話全国共通番号」
＃8103

乾物レシピDRY AND PEACE
「DRYレシピ集」
www.dryandpeace.com

東京都福祉保健局
「同行避難するために（ペットの防災）」
www.fukushihoken.metro.tokyo.jp/smph/kankyo/aigo/bousai/index.html

東京都防災ホームページ
「災害時帰宅支援ステーション」
www.bousai.metro.tokyo.jp

母と子の育児支援ネットワーク
「災害時の母乳育児支援情報」
https://i-hahatoko.net

あかちゃんとママを守る防災ノート
www.bousai.go.jp/kaigirep/kentokai/hinanzyokakuho/wg_situ/pdf/dai3kaisankou4.pdf

マイスタイル防災
ユニ・チャーム
www.unicharm.co.jp/csr-eco/mystylebosai/

NPO法人ママプラグ

クリエイティブな視点で家族の未来を設計する、事業型NPO法人。自ら考えて動く「アクティブ防災」を提唱し、全国で防災講座を展開するほか、女性のキャリアを豊かにする「キャリア事業」などを中心に活動。企画した書籍に、『被災ママ812人が作った子連れ防災手帖』など、協力した書籍に、『被災ママに学ぶ小さな防災のアイディア40』（アベナオミ著）などがある。
https://web-mamaplug.com

企画	NPO法人ママプラグ （冨川万美、宮丸みゆき、小暮裕美子）
イラストレーション	アベナオミ　http://illustrator-abe-naomi.blog.jp/
ブックデザイン	萩原弦一郎（256）
DTP	二階堂千秋（くまくま団）
医療監修	河嶌讓、岬美穂
取材協力	被災されたママパパの皆さん
編集	MARU

全災害対応！
子連れ防災BOOK
――1223人の被災ママパパと作りました

平成31年3月10日　初版第1刷発行
令和6年3月5日　　第6刷発行

著　者　NPO法人ママプラグ
発行者　辻　浩明
発行所　祥伝社《しょうでんしゃ》
〒101-8701
東京都千代田区神田神保町3-3
☎03（3265）2081（販売部）
☎03（3265）1084（編集部）
☎03（3265）3622（業務部）

印刷　萩原印刷
製本　積信堂

ISBN978-4-396-61681-6 C0095 Printed in Japan
祥伝社のホームページ・www.shodensha.co.jp